MW01324165

후삼국 시대부터 고려 시대까지

한국사편지

2

한국사편지

후삼국 시대부터 고려 시대까지

2

박은봉 지음

책과함께어린이

미지의 나라 고려를 찾아서

"세운이가 알고 있는 고려는 어떤 나라일까?"

"큰 나라."

"큰 나라?"

"조선은 왠지 답답한데, 고려는 조선보다 훨씬 트이고 힘차게 느껴져."

아마도 텔레비전 사극의 영향을 많이 받은 것 같다마는, 네 말처럼 고려는 분명 조선과 다른 호방함이 있어. 고려에 대한 사람들의 생각은 대개 이렇단다. 세련된 청자의 나라, 팔만대장경을 만든 불교의 나라, 외국과 활발한 무역을 벌인 개방적인 나라, 몽골과 싸운 용감하고 자주적인 나라…….

고려 시대를 연구하는 한 학자는 이렇게 말해. 고려는 마치 커다란 호수 같다고. 고구려, 백제, 신라 삼국의 서로 다른 문화와 역사가 만나서 고려라는 커다란 호수를 이루었다가 조선으로 흘러 나갔다고 말야. 또 다른 역사학자는 고려는 벌집 같다고 해. 벌집은 수많은 독립된 작은 방들이 모여 하나의 벌집을 이루지 않니? 고려도 그와 마찬가지로 다양한 부분들이 모여 전체를 이루었다는 거야.

고려는 조선과 마찬가지로 5백 년이란 긴 시간 동안 지속되면서 고려만의 문화와 전통을 만들어 냈어. 그런데 우리는 베일 속에 가려진 얼굴처럼 고려에 대해 잘 모르고 있단다. 왜 그럴까?

가장 큰 이유는 고려의 수도였던 개성이 남북 분단으로 휴전선 북쪽의 갈 수 없는 곳이 되었기 때문에, 개성에 몰려 있는 고려의 유물이나 유적을 직접 만날 수

없는 탓이야. 또, 그동안 사람들의 관심이 미처 고려에 닿지 못했던 데에도 원인이 있어. 한국사 하면 으레 조선 시대, 아니면 삼국 시대를 떠올릴 뿐 고려에는 별로 주목하지 않았거든.

그러나 오늘날 우리 생활 구석구석에는 고려의 전통과 문화유산이 깊이 스며들어 있단다. 우리가 깨닫지 못하고 있을 뿐이지.

《한국사 편지 2》는 고려를 집중 탐구하는 책이야. 이 책에 실린 14통의 편지 중에서 첫 번째와 두 번째 편지는 후삼국 시대를 다루고 있어. 후삼국 시대를 단지 고려로 가는 중간 단계 또는 과도기로만 여길 것이 아니라, 독립된 한 시대로 자리매김해 주는 것이 옳겠다는 생각으로 자세히 다루었단다.

세 번째 편지부터 열네 번째 편지까지는 고려의 정치, 경제, 사회, 문화, 생활 각 분야에서 중요한 대목을 골라 담았어. 네가 알고 있는 상식과는 다른 내용이라 당황스러운 부분도 있을 거야. 이를테면 '삼별초의 항전을 어떻게 볼 것인가?', '문익점이 정말 목화씨를 붓두껍에 숨겨 왔을까?' 등의 내용이지. 그런 부분은 읽고 나서 엄마와 같이 토론을 해 보면 좋겠다.

고려는 우리에게 아직 미지의 나라야. 그러나 편지를 한 장 한 장 읽어 나가다 보면 마치 조각그림맞추기처럼 고려의 윤곽이 서서히 드러날 거야. 그래서 책을 덮을 무렵에는 세운이 나름대로 고려의 초상을 완성할 수 있을 거야. 그것이 어떤 모습일지 궁금하구나.

2002년 가을
엄마가

차례

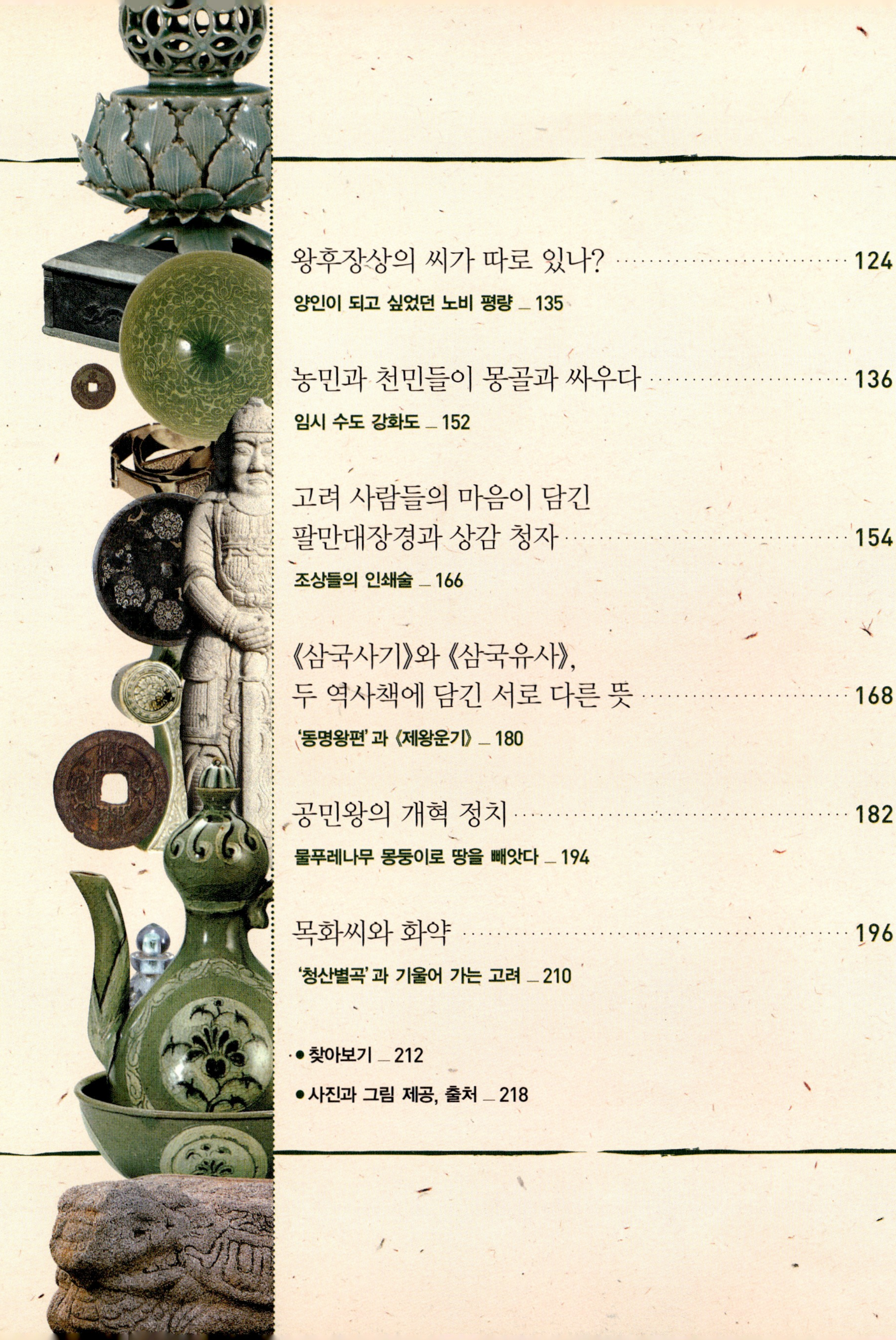

흔들리는 신라와 후삼국 시대

900년경

어느 나라, 어느 사회든 지배층이 사치에 빠지고 부패하기 시작하면
그 나라나 사회는 전체가 흔들리게 된단다.
천 년의 역사를 자랑하던 신라도 흔들리기 시작했어.
정치가 어지럽고 지배층이 사치스러우면 백성들은 어떻게 될까?
자연히 살기 어려워질 수밖에 없겠지?
생활에 쫓긴 백성들은 봉기를 일으켰어.
봉기는 전국 각지에서 꼬리에 꼬리를 물고 일어났단다.

936년
고려 시대
왕건, 후삼국 통일

956년
고려 시대
광종, 노비안검법 실시

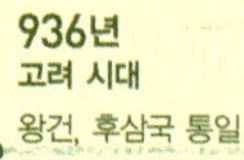

900년경
후삼국 시대 견훤, 완산주에 후백제 건국

우리 역사에서 가장 흥미진진한 시대를 꼽으라면
엄마는 서슴지 않고 후삼국 시대를 꼽겠다.
후삼국 시대는 후백제, 후고구려, 신라가 서로 치열하게 경쟁하면서
힘을 겨루던 때로 약 45년 동안 계속되었단다.
궁예, 견훤, 왕건을 비롯하여 수많은 영웅호걸들이 활약했던
후삼국 시대의 이야기는 중국의 《삼국지》보다 더 재미있어.
《삼국지》에서 유비, 조조, 손권이 중국 천하를 놓고 서로 겨루었듯이,
궁예, 견훤, 왕건은 후삼국을 통일하기 위해 치열한 다툼을 벌였어.
또 《삼국지》에 제갈량, 방통, 서서, 노숙 같은 책사들이 나온다면,
후삼국 시대에는 최승우, 능환, 최응 같은 인물들이 있단다.
물론 시대와 배경이 전혀 다른 중국과 우리나라를 곧바로 비교할 순 없어.
다만, 천하 통일을 위해 온 생애를 바친 사람들의 모습이 비슷하다는 거야.
후삼국 시대는 전쟁이 계속되는 시대였어.
그러니 그때 평범한 사람들은 살기가 참 어려웠을 거야.
오늘은 이러한 점들을 생각하면서 후삼국 시대로 가 보자.

1019년
고려 시대
강감찬, 귀주 대첩 승리

1029년
고려 시대
개경의 나성 완성

1097년
고려 시대
대각국사 의천, 천태종 개창

1102년
고려 시대
숙종, 해동통보 만듦

백제와 고구려를 무너뜨리고 한반도의 중남부를 통일한 신라는 약 백 년 동안 번영을 누렸어. 수도 금성(지금의 경주)은 번영하는 신라의 상징이었단다. 금성에 사는 사람들은 매우 사치스러운 생활을 했어. 신라 귀족의 대부분은 금성에 살면서 신라 사회를 이끌어 가는 지배층이었지. 어느 나라, 어느 사회든 지배층이 사치에 빠지고 부패하기 시작하면 그 나라나 사회는 전체가 흔들리게 된단다. 천 년의 역사를 자랑하던 신라도 흔들리기 시작했어.

농민 봉기와 호족의 등장

정치가 어지럽고 지배층이 사치스러우면 백성들은 어떻게 될까? 자연히 살기 어려워질 수밖에 없겠지? 생활에 쫓긴 백성들은 봉기를 일으켰어. 봉기는 전국 각지에

*蜂 벌 봉
起 일어날 기

붉은 바지 농민군의 봉기
신라 말, 생활에 쫓기다 못한 농민들은 봉기를 일으켰어. 특히 붉은 바지 농민군은 수도 금성까지 쳐들어갈 만큼 세력이 컸단다.

서 꼬리에 꼬리를 물고 일어났단다.

최초의 농민 봉기는 신라 9주의 하나인 사벌주(지금의 경상북도 상주시)에서 일어난 원종과 애노의 봉기였어. 또, 금성 서남쪽 지방에서는 '붉은 바지 농민군'이 일어나 수도 금성까지 쳐들어가서 귀족들의 간담을 서늘케 했단다. '붉은 바지 농민군'은 단결의 표시로 모두 붉은 바지를 입었다고 해.

신라의 지배층은 수도 금성은 그럭저럭 지켜 나갈 수 있었지만, 수도에서 멀리 떨어진 지방을 다스릴 힘은 점차 잃어 갔단다. 그 틈을 타고 지방에서는 군사들을 모아 스스로 '성주' 또는 '장군'이라고 자처하는 사람들이 등장했어. 이들은 그 지방을 실제로 지배했지. 백성들로부터 직접 세금을 거둬들이고 군대를 모았어. 이렇게 한 지방을 실제로 다스릴 만큼 세력이 커진 사람들을 '호족'이라고 해.

9세기 무렵, 신라의 각 지방에는 호족들이 수없이 등장했어. 그중에서 세력이 가장 컸던 것이 견훤, 궁예, 왕건이란다. 견훤과 궁예는 각각 나라를 세웠어. 그럼, 먼저 견훤이 어떻게 나라를 세웠는지부터 알아보자.

해인사 묘길상탑

신라 말에 세워진 이 탑 안에서 "이보다 더 나쁜 것이 없었고 굶어 죽고 싸우다 죽은 시체가 들판에 즐비하였다."라고 새긴 돌이 발견되었어. 이것을 '묘길상탑기'라고 해. 글을 지은 사람은 최치원이란다. 당시의 어려웠던 생활을 짐작할 수 있어.

신라 군인에서 후백제 왕이 된 견훤

견훤은 867년에 태어났어. 아버지 아자개는 사벌주 가은현(지금의 경상북도 문경시 가은읍)의 농민이었다가 장군이 되었어. 그러고 보면 아자개는 농민은 농민이되 가난한 농민은 아니었을 것 같구나. 가난한 농민이 갑자기 장군이 되기는 어렵거든.

아자개는 재물을 많이 가진 부유한 농민이었기 때문에 군사를 모아 힘을 키워서 주변의 마을들을 지배하는 장군이 되었을 거야.

견훤은 어려서부터 힘이 세고 용감했다는구나. 그 용맹함을 인정받아 견훤은 신라의 비장이 되었어. 비장은 신라의 군인 직책인데, 그리 높은 지위는 아니고 한 부대를 지휘하는 정도의 직책이야.

견훤은 신라의 서남 해안 지방을 지키는 임무를 맡고 오늘날의 전라도 지방으로 갔어. 그곳에서 견훤은 따르는 군사 5천 명을 거느리고 무진주(지금의 광주광역시)를 점령하여 신라로부터 독립을 선언했지. 그러나 아직 왕이라 칭하지는 못하고, 스스로를 '신라 서

문경 금하굴

견훤이 지렁이의 아들이라는 전설이 깃든 곳이야. 광주의 한 처녀가 밤마다 찾아오는 남자의 옷깃에 실을 꿴 바늘을 꽂아 두었다가 나중에 실을 따라가 보니, 산 밑 동굴에 있는 커다란 지렁이의 몸에 바늘이 꽂혀 있었다고 해. 그 처녀가 낳은 아들이 견훤이라는 얘기야.

면도통행전주자사 겸 어사중승상주국한남군개국공' 이라고 했단다. 대단히 긴 이름이지? 이때가 바로 892년, 견훤의 나이 스물여섯 살 때였어.

8년 뒤, 견훤은 완산주(지금의 전주)를 수도로 삼고, 스스로 왕이 되었어. 나라 이름은 '백제' 라고 했어. 뭐? 백제가 아니라 '후백제' 라고? 아니란다. '후' 는 예전의 백제와 구별하기 위해 나중 사람들이 붙인 거야.

견훤은 나라를 세우면서 '백제의 원한을 갚겠다.' 고 선언했어. 왜 그랬을까? 견훤은 백제 사람도 아닌데……. 무진주와 완산주는 모두 옛날 백제 땅이었어. 견훤은 그곳에서 살고 있는 사람들의 마음을 끌어 모으기 위해서 백제를 이어받은 나라라는 명분을 내세운 거야.

견훤이 세운 백제는 오늘날의 전라도와 충청도 대부분을 차지하고서 신라를 위협했어. 견훤은 특히 외교에 힘을 기울였단다. 외국으로부터 당당히 한 나라로 인정받고 싶어서였지. 중국의 오월, 후당과 사신을 주고받았을 뿐만 아니라 거란, 일본과도 사신을 주고받았어.

자, 견훤은 신라의 한 지방에서 태어나 신라의 군인이 되어 용맹함으로 이름을 얻은 다음 나라를 세우고 왕이 되었다는 걸 알았지? 그럼, 궁예는 어

경주 포석정
신라 경애왕은 포석정에서 연회를 벌이다가 견훤 군에게 붙잡혀 스스로 목숨을 끊었어. 그런데 포석정은 놀이터가 아니라 제사 지내는 사당이 있던 곳이라고 해.

견훤산성
경상북도 상주에 있는 견훤산성이야. 견훤이 태어나기 훨씬 전부터 있었던 신라의 산성인데, 견훤이 이곳에서 머물며 군사를 모으고 힘을 길렀다고 해서 견훤산성이라 불러. 상주에는 견훤에 대한 이야기가 얽혀 있는 유적지들이 많단다. 견훤과 그 아버지 아자개가 이곳 출신으로 알려져 있기 때문이지.

떻게 나라를 세웠을까?

승려에서 후고구려 왕이 된 궁예

견훤이 완산주에서 후백제를 세울 무렵, 궁예는 북원(지금의 강원도 원주)의 호족 양길의 부하로 있었어. 궁예의 어린 시절은 견훤보다 훨씬 어려움이 많았던 것 같아.

전해 오는 이야기에 따르면, 궁예는 신라의 왕자였단다. 헌안왕의 아들 또는 경문왕의 아들이라고 해. 어머니는 후궁이었지. 그런가 하면, 장보고의 도움을 받아 왕위에 오른 신무왕의 손자라는 주

철원의 도피안사와 비로자나불
철원은 신라 말 호족 세력이 강했던 곳이야. 궁예가 세운 후고구려의 첫 번째 도읍지도 철원이었지. 이 절에 모셔진 철로 만든 비로자나불은 1천5백 명의 사람들이 참여하여 만든 불상인데, 참여한 사람들은 대부분 농민이었어.

장도 있어. 이렇게 궁예의 출생에 대해 여러 가지 견해가 있는 까닭은 궁예의 생애를 알려 주는 자료가 거의 남아 있지 않아서 추측밖에 할 수 없기 때문이야. 아무튼 궁예는 신라의 지배층 사이에 벌어진 권력 다툼에서 밀려난 인물로 생각돼.

궁예의 어린 시절에 대한 이야기는 세운이 너도 들어 보았을 거야. 왕실에 해를 끼칠지도 모른다는 이유로 높은 누각에서 내던져진 갓난아이 궁예를 유모가 밑에서 받아 구했는데, 실수로 그만 한쪽 눈을 찔러 애꾸눈이 되었고 유모와 함께 멀리 달아나 숨어 살았다는 얘기 말이야.

궁예는 자라서 세달사라는 절에 들어가 승려가 되었단다. 승려가 된 궁예는 선종이란 이름으로 불렸어. 세달사 시절, 궁예는 승려들이 지켜야 하는 규칙에 얽매이지 않았고, 담력이 무척 컸다고 해. 여느 승려와는 달랐던 거지. 궁예는 아마 세달사 시절부터 미륵 신앙에 관심을 갖게 되었을 거야. 궁예는 왕이 된 뒤 스스로를 미륵이라고 했어.

891년, 궁예는 세달사를 떠나 북원으로 가서 양길의 부하가 되었어. 궁예는 군사들과 생사고락을 함께하고, 상과 벌을 줄 때는 공평하게 처리했기 때문에 따르는 군사들이 무척 많았단다. 인심을 얻은 궁예는 마침내 옛 고구려 땅인 철원에서 나라를 세우고 왕이 되었어. 그때가 901년, 나라 이름은 '고려' 라고 했단다. 견훤이 옛 백제 땅에 살고 있는 사람들의 민심을 얻으려고 나라 이름을 백제라고 했듯이, 궁예는 옛 고구려 땅에 살고 있는 사람들의 민심을 얻으려고 나라 이름을 '고려' 라고 한 거야.

그런데 왜 고구려가 아니라 고려냐고? 실은 고구려는 장수왕 때 나라 이름을 고려로 바꾸었어. 그래서 정확히 말하자면 장수왕 이후의 고구려는 고려라고 불러야 한단다. 그러나 우리는 그 사실을

궁예와 미륵 신앙

미륵은 미래의 부처란다. 석가모니가 현재의 세상을 구제해 주는 부처라면, 미륵은 석가모니 다음에 나타나 석가모니가 구제하지 못한 사람들까지 남김없이 구제해 주는 부처야. 미래의 부처인 미륵을 믿는 미륵 신앙은 백성들에게 희망을 주는 신앙이었어. 그래서 새로운 세상을 바라는 개혁 사상과 연결되기도 했단다.
궁예는 살기 좋은 세상을 바라는 백성들의 소망을 누구보다 잘 알고 있었어. 그래서 스스로를 미륵이라고 했단다. 자신이야말로 그 소망을 이루어 줄 장본인이라고 믿게 하기 위해서였지.

왕건의 동상
개성에 있는 왕건의 능인 현릉에서 발굴되었어. 발굴될 때 허리띠 장식과 얇은 비단 천이 붙어 있었다고 하니 원래는 비단옷을 입고 있지 않았을까?

잘 모르거나 편의상 그냥 고구려라고 부르고 있지. 또, 후고구려의 '후'는 후백제와 마찬가지로 나중 사람들이 붙인 거란다. 이제부터는 엄마도 편의상 '후백제', '후고구려' 라고 부를게.

궁예의 신하가 된 왕건

궁예는 날로 강해졌어. 그러자 패서(예성강 서쪽)의 호족들이 궁예의 부하가 되겠다고 자청해 왔단다. 패서는 옛날 고구려의 땅이었지. 송악(지금의 개성)의 호족인 왕륭, 그러니까 왕건의 아버지가 궁예에게 온 것도 이즈음이었어.

왕륭은 강원도를 휩쓸고 철원을 근거지로 삼은 궁예가 곧이어 송악으로 말발굽을 돌리리라는 것을 미리 알고, 궁예와 맞서 싸우다가 화를 당하느니 차라리 머리를 숙여서 집안과 생명을 보존하자고 생각했지. 그만큼 궁예의 세력은 막강했어.

왕륭은 궁예에게 청하기를, 신하가 될 터이니 그 대신 자기 아들을 송악의 성주로 삼아 달라고 했어. 왕건의 집안은 조상 대대로 해상 무역을 해 온 부자였어. 궁예는 재산이 많은 왕륭의 도움이 필요했기 때문에 그 청을 들어주었지.

그 뒤, 왕건은 궁예의 신임을 받는 청년 장군이 되었어. 왕건은 경기도 광주와 양주 일대, 서울, 충주 등을 차례로 정복한 다음, 수군을 이끌고 바닷길로 전라도 나주를 공격하여 후백제의 한복

경주 안압지

안압지는 신라 문무왕 때 만든 커다란 연못이야.
신라 왕들은 이곳에서 화려한 잔치를 열었어.
안압지는 원래 이름이 아니라, 신라가 망한 뒤 폐허가 된 이 연못에
기러기와 오리들이 노니는 것을 본 후세 사람들이 붙인 이름이야.
원래 이름은 '월지' 였다고 해.

판에 후고구려의 근거지를 만들었어.

궁예의 후고구려는 신라 땅의 절반이 넘는 지역을 차지하게 됐어. 이제 신라는 후백제와 후고구려에게 나라 땅을 대부분 내주고 금성을 중심으로 한 경상도 일대만 겨우 지키게 되었단다.

이렇게 후백제, 후고구려, 신라가 서로 치열하게 경쟁하면서 힘을 겨루던 때를 '후삼국 시대' 라고 해. 그런데 이때 한반도 북부와 만주에는 발해가 있었다는 걸 잊지 마라. 그러고 보면 후삼국 시대라는 이름은 정확한 것 같지 않구나. 발해를 포함하면 '사국 시대' 가 되지 않니?

| 후삼국 시대의 영토 |

청해진 대사, 장보고

왕건의 집안은 해상 무역으로 세력을 키웠다고 했지? 그런데 왕건보다 먼저 해상 무역으로 막대한 재물과 군사를 모아 호족이 된 사람이 있었어. 바로 장보고란다. 장보고의 어렸을 적 이름은 '궁복' 이었어. '궁파' 라고도 해. 궁복이나 궁파는 활을 잘 쏘는 사람이라는 뜻이야.

장보고는 당나라로 건너가 군인이 되었는데, 어느 날 해적에게 잡혀 와 고생하는 신라 사람들을 보았어. 그는 군인 노릇을 그만두고 신라로 돌아와 흥덕왕을 찾아가서 신라 사람들을 납치해 가는 당나라 해적을 막아야 한다고 힘주어 말했어. 왕은 그에게 군사 1만 명을 주어 완도에 군사 기지인 '진' 을 설치하고 해적을 소탕하게 했어. 진의 이름은 '청해진' 이라 했지. 청해진 덕분에 해적은 완전히 자취를 감추었단다.

그 뒤, 청해진은 군사 기지인 동시에 신라와 일본, 중국을 연결하는 해상 무역의 기지가 되었어. 장보고는 남해와 황해를 주름잡는 실력자로서 '청해진

완도 청해진
청해진은 군사 기지였을 뿐만 아니라 무역 기지이기도 했어. 정면에 보이는 누각은 최근에 복원한 거야.

장보고 무역선(복원)
국립해양유물전시관

대사' 라고 불렸단다.

이때 수도 금성에서는 왕위를 둘러싸고 치열한 싸움이 벌어지고 있었어. 그런데 싸움에서 진 김우징이 청해진으로 피신해 왔단다. 김우징은 자기를 도와주면 자기 아들과 장보고의 딸을 결혼시키겠다고 약속했어. 장보고는 김우징을 도와 그를 왕위에 오르게 해 주었지. 이 사람이 바로 신무왕이야. 나이가 많았던 신무왕은 곧 세상을 떠났고, 그 아들 문성왕이 즉위했어. 문성왕은 약속대로 장보고의 딸을 왕비로 삼으려고 했지. 그러나 장보고의 세력이 너무 커질까 봐 두려워한 금성의 귀족들은 자객을 보내 장보고를 죽이고 말았어. 청해진의 푸른 바다를 주름잡던 장보고는 자객의 손에 쓰러졌단다.

장보고는 지방 호족으로서 중앙 정치에 진출하려다가 실패한 대표적인 인물이야. 어떤 학자는 궁예가 바로 문성왕과 장보고의 딸 사이에서 태어난 아들일지도 모른다고 말하고 있어. '궁복' 과 '궁예' 라는 이름이 관련 있으며, 치열한 권력 다툼이 일어난 때가 신무왕 때라는 점에서 그렇다고 해.

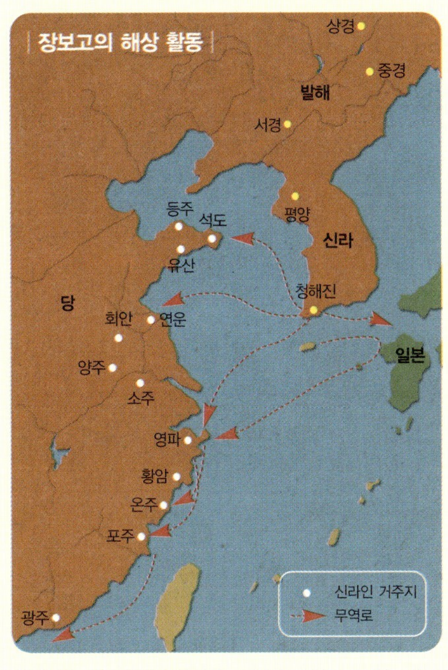

청해진은 당, 신라의 남해안, 일본의 규슈를 오가는 배들이 거쳐야 하는 교통의 요지였어. 장보고는 청해진을 기지로 삼아 해상권을 손에 넣고, 당, 일본, 신라를 잇는 중계 무역을 이끌었단다.

법화원 장보고가 당나라에 있을 때 산동 반도 적산에 세운 절이야. 당시 신라인들이 많이 사는 곳을 신라방이라 하고, 신라인들이 세운 절을 신라원이라 했어. 법화원은 신라원 중에서도 이름난 곳이었지. 장보고가 세운 법화원은 오늘날 자취가 없고, 지금의 법화원은 최근에 다시 세운 것이란다.

왕건과 후삼국 통일

936년

후삼국을 통일한 고려 태조 왕건의 가장 큰 고민거리는
막강한 세력을 갖고 있는 호족들을 어떻게 다스리면서 왕권을 강화하느냐 하는 것이었어.
왕건은 이 문제를 해결하기 위해 이른바 '결혼 정책'을 썼단다.
즉, 호족의 딸들과 결혼을 하여 사위와 장인으로서 친척 관계를 맺는 거야.
그래서 왕건은 결혼을 아주 여러 번 했단다.
태조 왕건에게는 왕비가 6명, 부인이 23명 있었어. 아이는 몇을 낳았냐고?
아들 25명, 딸 9명, 합쳐서 34명이었단다.

900년
후삼국 시대
견훤, 완산주에 후백제 건국

936년
고려 시대 왕건, 후삼국 통일

956년
고려 시대
광종, 노비안검법 실시

후삼국 시대 초기에는 궁예의 후고구려가 가장 강력했어.
궁예가 죽은 뒤에는 견훤의 후백제가 가장 강력했고.
그런데 정작 후삼국을 통일한 것은 궁예의 뒤를 이은 왕건이 다스리는 후고구려였어.
언젠가 엄마가 물었지?
"견훤, 궁예, 왕건 세 사람 중에서 왕건이 후삼국을 통일한 이유가 뭘까?"
그러자 세운이는 이렇게 대답했어.
"왕건이 제일 너그러웠기 때문이야. 궁예는 포악했고, 견훤은 자식들을 잘못 키웠잖아."
세운이뿐 아니라 대부분의 사람들이 궁예는 포악함 때문에 망했고, 견훤은 자식들의 권력 다툼 때문에 망했으며, 왕건은 너그럽고 포용력이 있었기 때문에 성공했다고 생각해. 그런데 그것이 과연 정확한 사실일까?
지금 우리가 볼 수 있는 후삼국 시대를 다룬 역사 기록은 대개 왕건을 주인공으로 하여 왕건에게 유리하게 쓰인 것들이란다.
그래서 견훤이나 궁예에 대해서는 실제보다 좋지 않게 묘사한 부분이 많아.
그럼 실제는 어땠을까?
오늘은 후삼국의 통일에 대하여 알아보자.

1019년
고려 시대
강감찬, 귀주 대첩 승리

1029년
고려 시대
개경의 나성 완성

1097년
고려 시대
대각국사 의천, 천태종 개창

1102년
고려 시대
숙종, 해동통보 만듦

궁예는 스스로 미륵이라 하면서 자기를 반대하거나 비판하는 사람들을 이른바 '관심법'으로 가차 없이 죽였다고 해. 관심법으로 죽인 사람들 중에는 부인 강씨와 두 아들도 있었단다. 세운이는 아마 궁예가 부인과 아들들을 죽인 까닭이 무척 궁금할 거야. 왜 그랬을까? 떠도는 이야기처럼 정말로 미쳐서 그랬을까?

역사책에는 궁예의 부인 강씨에 대한 기록이 거의 없어. 추측하기로, 부인 강씨는 패서 호족의 딸이라고 생각돼. 왕건을 비롯한 패서 호족들이 궁예 밑으로 들어올 때, 강씨는 궁예와 결혼했을 거야. 패서 호족들은 한동안 가장 강력한 세력을 이루었단다. 그러나 궁예가 송악에서 철원으로 도읍을 옮긴 뒤로 패서 호족들은 힘이 약해졌어. 어쩌면 궁예는 패서 호족들을 누를 목적으로 송악을 떠나 철원으로 도읍을 옮겼는지도 몰라.

궁예의 왕궁 터
강원도 철원군 풍천원 들판에 남아 있는 궁예의 왕궁 터란다. 송악에서 철원으로 도읍을 옮기고 나라 이름을 태봉이라 한 곳이야. 그러나 지금은 비무장 지대 안에 위치하고 있어서 가 볼 수가 없구나. 남북을 가르는 군사 분계선이 왕궁 한가운데를 지나고 있단다. 이곳이 제 모습을 찾기 위해서는 남북한이 공동으로 조사와 발굴 작업을 해야 해.

궁예는 정말 폭군일까?

패서 호족들은 차츰 궁예를 반대하는 세력이 되었어. 부인 강씨는 아마 궁예의 반대 세력이 된 패서 호족들의 대표자였을 거야. 궁예가 부인과 두 아들을 죽인 것은 부인 강씨로 대표되는 패서 호족들을 제거하기 위해서였다고 생각되는구나. 제정신이 아니어서, 또는 왕건과의 사이를 의심한 나미지 질투에 눈이 멀어 부인을 죽인 것이 아니라, 정치적인 이유로 죽인 거야.

너무 잔혹하지 않냐고? 맞아. 동서고금의 역사를 돌아보면 권력을 위해 아버지가 자식을, 남편이 아내를 죽이는 몹시 끔찍한 일이 적잖이 일어났단다.

궁예는 부인 강씨와 두 아들을 죽인 뒤로 부쩍 의심이 많아지고 화를 잘 냈으며 많은 사람들을 죄 없이 죽였다고 해. 이것은 궁예가 반대 세력을 철저히 감시하고 조금이라도 의심 가는 사람이 있으면 가차 없이 없앴다는 뜻이야.

대체 궁예의 정치가 어떤 것이었기에 반대자들이 자꾸 생겨났을까? 궁예는 절대적인 권한을 가진 왕이 되려고 했어. 호족들을 누르고 왕 중심의 강력한 중앙 집권 국가를 이루려고 했지. 그래서 사방의 호족들을 엄하게 대하면서 자기에게 반대하는 호족들은 가차 없이 죽였던 거야. 궁예에게 폭군이나 미치광이라는 낙인이 찍힌 건 바로 이 때문이란다.

또, 궁예는 철저하게 신라를 반대하는 정책을 썼어. 궁예는 부석사에 걸려 있던 신라 왕의 초상을 칼로 베었다고 해. 그건 궁예가 자신의 '반신라 정책'을 온 세상에 선포하는 행동이었어. 궁예는 노골적으로 신라에 적대감을 나타낸 거야.

이 점에서 궁예는 왕건이나 견훤과 아주 달랐어. 왕건은 호족들의 권한을 상당히 인정해 주고, 신라에 대해서는 부드러우면서도 우호적인 태도로 대했지. 견훤 역시 드러내놓고 호족들을 억누르거나 신라를 적대시하지는 않았어.

궁예는 신라의 골품제를 없애고 새로운 제도를 시행하려고 했

후고구려의 국호

궁예는 철원-송악-철원으로 도읍을 여러 번 옮겼단다. 그러면서 나라 이름도 '고려-마진-태봉'으로 여러 번 바꾸었어. 견훤이 백제라는 나라 이름을 끝까지 사용했던 것과는 참 대조적이야. 궁예가 나라 이름을 여러 번 바꾼 것은 흔히 얘기하듯이 변덕과 광기 때문이 아니라, 당시 상황에 따른 특별한 뜻이 담긴 조치였어. '고려'는 건국 초기에 옛 고구려 지역의 민심을 잡기 위하여 붙인 이름이었지. '마진'은 '대동방국'이라는 뜻인데, 고구려뿐 아니라 백제, 신라까지 아우르겠다는 의지가 담겨 있어. '태봉'은 '서로 뜻을 같이하여 편히 사는 세상'이란 뜻으로, 미륵이 다스리는 이상 세계를 표현한 것이라고 생각돼.

영주 부석사

부석사는 의상대사가 세운 절로, 신라를 대표하는 절이야. 그런데 궁예는 부석사에 걸려 있던 신라 왕의 초상을 칼로 베어 버렸다고 해. 궁예는 왕건이나 견훤과는 달리 신라를 노골적으로 반대했어. 신라 왕의 초상을 칼로 벤 건 궁예가 자신의 반신라 정책을 세상에 선포하는 행동이었지.

어. 너도 알다시피 골품제는 태어나면서부터 혈통에 따라 신분이 정해지고, 그에 따라 나갈 수 있는 관직의 높이가 정해져 있지 않았니? 그런데 궁예는 혈통이 아니라 개인의 능력에 따라 관직에 나갈 수 있도록 제도를 바꾸려고 했어.

골품제 아래에서 특권을 누리던 신라 귀족들은 궁예의 이러한 조치를 매우 싫어했어. 만약 궁예가 통일을 이룬다면 신라 귀족들은 가진 것을 다 잃고 말 테니까.

그러나 궁예가 이루려고 했던 왕 중심의 강력한 중앙 집권 국가는 당시 상황에 맞지 않았어. 한마디로 궁예는 시대를 너무 앞서 나갔던 거야.

궁예의 몰락

궁예의 정책과 태도는 사람들의 반감을 사서 오히려 반대 세력을 더욱 키우는 결과를 가져왔어. 결국 홍유, 배현경, 신숭겸, 복지겸 등이 궁예를 몰아내는 정변을 일으켰단다. 이들은 궁예의 신하로 군대를 지휘하는 최고 장군이었어.

바로 여기서 궁예가 별다른 저항도 못하고 쫓겨난 이유를 알 수가 있어. 군대를 지휘하는 장군들이 등을 돌렸으니 궁예를 위해 싸워 줄 군대가 없을 수밖에. 남은 건 은부가 지휘하는 친위대뿐이었지.

신숭겸 묘
강원도 춘천에 있는 신숭겸 묘란다. 신숭겸은 후백제와 싸운 공산 전투에서 왕건을 피신시키고 왕건의 옷을 입고 싸우다가 전사했어. 왕건은 후백제군이 베어 간 신숭겸의 머리를 대신하여 황금으로 머리를 만들어 장사 지냈단다. 그런데 왜 무덤이 셋일까? 도굴당할까 염려하여 무덤을 세 개 만들었다고 해.

홍유, 배현경, 신숭겸, 복지겸 등은 왕건을 왕으로 추대했어. 이때가 918년, 왕건의 나이 마흔한 살 때였단다.

쫓겨난 궁예는 어떻게 되었을까? 역사책에는 궁예가 산골을 헤매다가 배가 고픈 나머지 보리 이삭을 몰래 잘라 먹다가 그곳 백성에게 맞아 죽었다고 기록되어 있어. 그런데 철원 지역에 전해 오는 전설에 따르면 궁예는 백성의 손에 맞아 죽은 것이 아니라 스스로 목숨을 끊었으며, 죽은 뒤에는 백성들이 우러러보는 신이 되었다고 해.

명성산
울음산이라고도 해. 울음산을 한자로 쓰면 명성산이란다. 궁예가 이 산에 진을 치고 재기의 기회를 노리다가 힘이 부족함을 깨닫고 군사들을 해산시키자 부하들이 슬피 울었다 하여 울음산이라고 했어. 산꼭대기에는 궁예가 앉았다는 바위가 있단다. 명성산은 아름다운 억새밭과 산정호수로도 유명해.

철원, 연천, 포천, 파주 지방에는 궁예의 최후와 관련된 전설이 깃든 유적지가 많이 남아 있단다. 최후의 결전지였다는 보개산성, 왕건에게 쫓기면서 하룻밤 만에 쌓았다는 성동리 산성, 왕건에게 패해 달아난 곳이라는 패주골, 궁예가 물을 길어 마셨다는 어수정, 궁예의 부하들이 슬피 통곡했다 하여 울음산이라 불린 명성산……. 이들 유적지에 전해 오는 전설에 따르면, 궁예는 끝까지 왕건의 군대와 싸우다가 죽었다는 거야.

또, 왕건이 즉위한 뒤 왕건에 반대하는 반란이 각지에서 잇달아 일어난 것을 보아도 궁예가 그렇게 잔인무도한 폭군이거나 비겁하게 죽어 간 것은 아니었다는 사실을 알 수 있단다.

견훤의 몰락

후삼국 시대 초기에는 후고구려가, 궁예가 죽은 뒤부터는 후백제가 가장 강했다고 했지? 아참, 후고구려는 이제부터 고려라고 해야겠구나. 왕건이 궁예를 몰아내고 왕이 되면서 나라 이름을 '태봉'에서 다시 '고려'라고 했거든.

후백제는 고려와 싸워 연전연승했어. 그런데 어느 순간부터 전세가 뒤바뀌었단다. 그 순간이 언제냐고? 바로 930년 1월에 벌어진 고창 전투야. 고창은 지금의 경상북도 안동인데, 여기서 견훤은 왕건에게 크게 패했고, 그 뒤부터 후백제는 쇠퇴의 길을 걷게 되었어.

후백제가 이처럼 기울게 된 원인 중의 하나는 정치적 혼란이었어. 930년 이후, 후백제의 지배층은 둘로 갈라졌어. 견훤의 맏아들 신검을 지지하는 세력과 넷째 아들 금강을 지지하는 세력으로 갈라져서 서로 권력 다툼을 벌였단다.

금산사 미륵전
견훤의 맏아들 신검과 그를 지지한 세력들은 견훤을 금산사에 가둬 놓고서 신검을 왕위에 올렸어. 사진은 전라북도 김제에 있는 금산사 미륵전이야.

금강은 신검의 이복동생이었어. 견훤은 부인을 여럿 두었는데 아들도 10여 명이나 되었지. 그중에서 신검, 양검, 용검은 같은 어머니가 낳은 형제였고 금강은 어머니가 달랐어.

《삼국사기》에는 금강이 '키가 크고 지략이 뛰어나서 견훤이 특별히 사랑하여' 왕위를 물려주려 했다고 쓰여 있어. 하지만 당시 사정을 자세히 살펴보면, 금강을 지지하는 세력, 즉 금강의 외가 세력이 금강을 왕으로 밀어 올리려 했던 것으로 짐작되는구나.

그러자 신검을 지지하는 세력이 가만있지 않았어. 양검과 용검, 그리고 견훤의 책사였던 능환은 견훤을 금산사에 가둬 놓고 금강을 죽인 다음, 신검을 왕위에 올렸어. 그때가 935년 3월이었단다.

신검은 새로운 정치를 하겠다고 선언했어. 그러면서 감옥에 갇힌 죄수들을 풀어 주고, 중국에 사신을 보내 자신의 즉위를 알렸어. 그러고 보면 신검은 견훤의 눈 밖에 날 만큼 무능하거나 유난히 어리석었던 건 아니라고 생각되는구나. 금강의 죽음과 신검의 즉위는 두 사람을 지지하는 세력 간의 권력 다툼에서 신검 지지파가 승리를 거둔 사건이었어.

개태사와 거대한 가마솥
충청남도 논산에 있는 개태사는 왕건이 후백제를 무너뜨리고 후삼국을 통일한 기념으로 세운 절이야. 이 절에는 천여 명이 먹을 음식을 만들었다는 거대한 가마솥이 있어. 개태사가 얼마나 많은 사람들이 드나드는 큰 절이었는지 알 수 있겠지?

그런데 새로 왕이 된 신검에게 상황은 불리하기만 했어. 금산사에 갇혀 있던 견훤은 3개월 만에 나주로 도망을 쳤단다. 나주는 이때도 여전히 고려의 영토였지. 견훤은 스스로 적국인 고려로 간 거야. 소식을 들은 왕건은 장군 유금필로 하여금 40여 척의 배를 거느리고 나주로 가서 견훤을 맞이하게 했어. 왕건은 견훤을 후하게 대접해 주었어. 자기보다 나이가 열 살이나 많다면서 '상부'라고 부르며 어른 대접을 해 주었지. 견훤의 사위인 박영규도 견훤의 뒤를 따라 왕건에게 왔단다.

대세가 이미 정해졌다고 판단한 왕건은 8만 7천5백 명의 대군을 동원하여 후백제를 총공격했어. 신검은 필사적으로 대항했지만, 견훤을 앞세운 고려군을 당해 낼 수는 없었단다. 아버지와 아들이 적이 되어 서로 칼을 겨누다니, 정말 가슴 아픈 일이지 않니?

후백제의 마지막 싸움, 일리천 전투
선산 일리천에서 벌어진 전투에서 신검이 지휘하는 후백제군은 왕건에게 패했어. 왕건은 이 싸움에서 승리를 거둠으로써 후삼국을 통일하게 되었지.

견훤릉
견훤의 능이라고 전하는 무덤이야. 충청남도 논산에 있어. 1970년 견씨 집안에서 '후백제왕 견훤릉'이라고 새긴 비석을 세웠단다.

신검의 후백제군은 선산 일리천에서 벌어진 마지막 전투에서 고려군에게 패했어. 황산까지 쫓긴 신검은 결국 왕건에게 무릎을 꿇었지. 이때가 936년 9월이었단다.

왕건은 견훤을 금산사에 가두는 데 앞장선 능환과 양검, 용검을 처형하고, 신검은 추대를 받았을 뿐이니 용서한다면서 살려 주고 관직까지 주었어. 그러나 전해 오는 다른 이야기에는 신검도 함께 처형당했다고 해. 견훤은 어찌 되었을까? 화병으로 등창이 나서 앓다가 황산의 어느 절에서 세상을 떠났다고 해.

신라는 무얼 하고 있었나?

견훤이 후백제를, 궁예가 후고구려를 세우고 세력을 뻗어 갈 때, 신라는 대체 무얼 하고 있었을까? 천 년의 역사를 자랑하던 신라가 어떻게 그리 쉽게 허물어졌을까?

약 45년 동안 계속된 후삼국 시대에 신라는 진성 여왕, 효공왕, 신덕왕, 경명왕, 경애왕, 경순왕 이렇게 여섯 왕이 차례로 등장하여 다스렸어. 후백제와 후고구려가 신라의 영토를 야금야금 먹어 들어오는데도 신라는 어쩔 수가 없었단다. 다시 일어서기에는 너무 쇠약해져 있었던 거지.

*麻 삼마
衣 옷의

결국 경순왕은 왕건에게 나라를 바치고 말았어. 왕건은 피 한 방울 흘리지 않고 신라를 통째로 손에 넣은 거야. 왕건은 경순왕도 견훤처럼 후하게 대접해 주었어. 정승 벼슬을 주고, 자기의 맏딸인 낙랑 공주와 결혼까지 시켰단다. 그리고 신라라는 나라 이름을 없애고 경주라고 부르게 했어. 신라는 이제 고려의 한 지방이 된 거야.

경순왕릉
신라의 마지막 왕 경순왕의 무덤이야. 경기도 연천 고랑포에 있단다. 신라 왕의 무덤인데 왜 경주가 아닌 이곳에 묻혀 있을까? 그건 경순왕이 왕건에게 투항했기 때문이야.

마의 태자

신라 경순왕이 나라를 고려에 송두리째 바칠 때, 끝까지 반대한 사람이 있었어. 바로 경순왕의 아들이야. 결국 신라가 망하자, 그는 속세를 떠나 금강산에 들어가 삼베옷을 입고서 푸성귀를 먹으며 살았다고 《삼국사기》에 쓰여 있어. 사람들은 그를 '마의 태자'라고 부르며 그의 절개를 우러러보았단다.

그런데 마의 태자는 금강산이 아니라 설악산으로 갔으며, 그곳에서 군사를 길러 고려에 끝까지 저항하려 했다는 주장도 있어.

어느 쪽이 사실일까? 지금도 금강산, 월악산, 설악산 근처에는 마의 태자와 관련된 유적과 전설들이 전해 오고 있단다.

중원 미륵대원 터 석불
마의 태자가 세웠다는 석불이야. 충청북도 충주 월악산의 미륵대원 터에서 있어. 이 석불은 신비롭게도 얼굴 부분만 이끼가 끼지 않는다고 해.

자, 이렇게 해서 약 45년 동안 계속된 후삼국 시대는 막을 내렸단다. 고려는 통일을 이루고 미래를 향해 첫발을 내디뎠어.

후삼국을 통일한 왕건

후삼국을 통일한 고려 태조 왕건의 가장 큰 고민거리는 막강한 세력을 갖고 있는 호족들을 어떻게 다스리면서 왕권을 강화하느냐 하는 것이었어. 왕건은 이 문제를 해결하기 위해 이른바 '결혼 정책'을 썼단다. 즉, 호족의 딸들과 결혼을 하여 사위와 장인으로서 친척 관계를 맺는 거야. 그래서 왕건은 결혼을 아주 여러 번 했단다.

태조 왕건에게는 왕비가 6명, 부인이 23명 있었어. 아이는 몇을 낳았냐고? 아들 25명, 딸 9명, 합쳐서 34명이었단다. 그뿐 아니라, 어머니가 다른 아들딸들을 서로 결혼시켜서 이중 삼중의 친척이 되게 했어.

나주 완사천
왕건이 나주에 왔을 때 빨래를 하고 있던 오씨(장화 왕후)를 만난 곳이야. 장화 왕후는 두 번째 왕비가 되었고, 왕건의 뒤를 이어 왕이 된 혜종을 낳았지.

4대 광종은 왕건의 셋째 왕비 신명 왕후가 낳은 아들인데, 왕건의 넷째 왕비인 신정 왕후가 낳은 딸과 결혼했어. 그러니까 이복 남매끼리 결혼한 거야. 어떻게 그럴 수 있냐고? 당시에는 가까운 친척끼리 결혼하거나 이

고려 궁궐 터
여기는 개성에 있는 고려 시대 궁궐 터야. 지금은 빈 터만 남아 있지만 고려의 궁궐은 송악산 기슭에 높직하게 자리 잡고서 웅장한 모습을 자랑했단다. 뒤쪽에 보이는 산이 송악산이야. 보통 고려의 궁궐을 만월대라고 부르는데, 만월대는 고려가 망한 뒤에 붙여진 이름이고, 궁궐의 원래 이름은 알 수 없어.

복 남매끼리 결혼하는 것이 이상하거나 특별한 일이 아니었단다. 이렇게 가까운 친척끼리 결혼하는 것을 '근친혼'이라고 해.

또한 태조 왕건은 투항해 오는 호족들에게 왕씨 성을 주었어. 허월 대사의 아들인 명주(지금의 강릉)의 호족 김순식은 왕씨 성을 받고 왕순식이 되었단다. 왕씨 성을 준다는 것은 최고의 예의로 대접한다는 뜻이었지.

한편, 태조 왕건은 고려는 고구려를 계승한 나라라고 확실히 못 박았어. 그러면서 잃어버린 고구려의 옛 영토를 되찾는 데 힘을 기울였어. 926년, '해동성국'이라 불리며 전성기를 누렸던 발해가 거란에게 멸망당했을 때, 고려로 온 발해 유민들을 따뜻이 맞아들였던 것도 그 때문이란다.

?!

도선과 풍수지리설

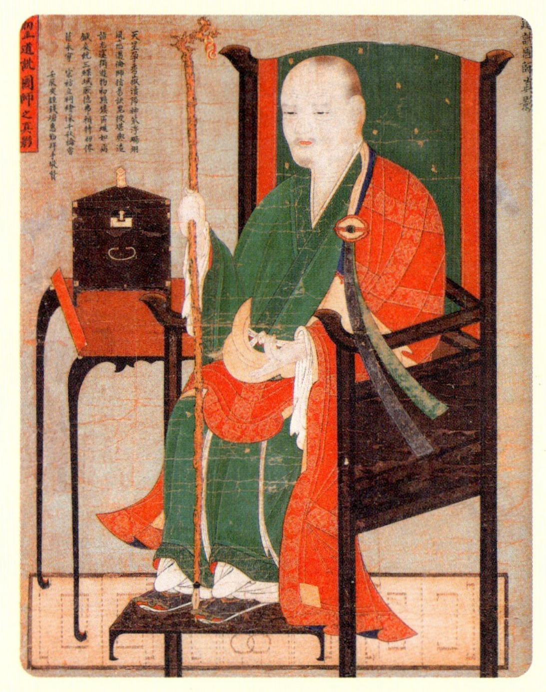

도선 국사 영정 도선은 신라 말인 827년에 태어났어. 스무 살 때 승려가 되었고, 898년 일흔두 살에 전라남도 광양의 옥룡사에서 세상을 떠났단다. 그가 쓴 《도선비기》는 오늘날 전해 오지 않아.

도선은 왕건에게 《도선비기》를 주면서 왕이 될 가르침을 준 풍수지리설의 대가로 알려져 있어. 《고려사》에 따르면, 왕건의 아버지는 도선의 충고대로 집을 고친 다음 왕건을 낳았다고 해. 그리고 도선은 왕건이 열일곱 살 때 다시 찾아와 이렇게 말했단다.

"당신은 혼란한 때에 하늘이 정한 명당에서 태어났으니 백성들은 당신이 구제해 주기를 기다리고 있소."

풍수지리설이란, 산천의 형세를 살펴서 인간 생활에 이용하는 학설이야. 풍수지리설은 당시 호족들에게 크게 환영받았어. 왜냐하면 수도 금성이 아닌 지방의 여러 곳을 명당이라고 함으로써, 금성의 귀족 중심에서 벗어나 지방의 호족 중심으로 사고방식을 바꾸는 데 기여했거든. 왕건, 궁예, 견훤도 모두 풍수지리설을 상당히 중요하게 여겼단다.

그런데 정말 왕건은 도선의 가르침을 받았을까? 시기나 지역으로 보아 도선은 왕건이 아니라 견훤과 연관되었을 가능성이 훨씬 더 크단다.

도선의 활동 무대는 오늘날의 전라도로 견훤의 후백제 지역이었어. 또, 도선이 죽기 6년 전에 견훤은 이미 왕이 되어 있었지만, 왕건은 아직 소년에 불과했지.

그럼 도선이 왕건을 도왔다는 이야기는 어떻게 생긴 것일까? 왕건이 후삼국을 통일하면서 만들어진 것이라고 생각돼. 아마 왕건은 도선과 풍수지리설을 견훤이 아니라 자신을 지지해 주는 사상으로 삼고 싶었을 거야.

명당도 풍수지리설에서 말하는 명당이란 무얼까? 가운데 표시된 부분이 명당이야.

문벌 귀족의 나라, 고려

956년

고려 시대에는 골품제가 없어지고
과거 시험에 합격하면 관리가 될 수 있었다고 했지?
그럼 일반 농민들도 과거 시험에 합격해서 관리가 될 수 있었을까?
만약 그랬다면 고려 시대는 요즘과 거의 다를 바 없는
열린 사회였을 텐데……. 하지만 그렇진 않았어.
고려 시대에 과거를 보려면 요즘의 응시 원서와 비슷한
'가장'이란 것을 제출해야 했어.

900년
후삼국 시대
견훤, 완산주에 후백제 건국

936년
고려 시대
왕건, 후삼국 통일

956년
고려 시대 광종, 노비안검법 실시

"백성에게 세금을 거두되 알맞게 거두어야 한다."
고려 태조 왕건은 이렇게 말하면서 백성의 세금을 대폭 줄여 주었어.
태조 왕건은 신라 말의 사회 혼란이 세금을 가혹하게 거둔 데 원인이 있다는 것을
잘 알고 있었거든. 지난번 편지에서 말했듯이, 태조 왕건은
새롭게 태어난 나라, 고려의 기틀을 잡기 위해 많은 노력을 기울였어.
그 후 고려는 4대 광종과 6대 성종 때에 큰 변화를 맞았단다.
광종은 허약했던 왕의 권한을 강하게 만들었으며,
성종은 정치 제도와 사회 제도를 정비하여 나라를 안정시켰어.
통일 후 약 50년이 흐른 뒤에야 고려는 비로소 안정기에 접어들었단다.
이렇게 안정기에 접어든 고려 사회를 가리켜
'문벌 귀족의 나라' 또는 '문벌의 나라'라고 해.
소수의 유력한 문벌이 사회 전체를 좌지우지했다는 뜻이야.
잘 이해가 안 된다고?
오늘은 엄마와 함께 고려의 정치와 사회 제도를 자세히 알아보자.
그러면 고려가 문벌 귀족의 나라라는 말의 뜻을 이해하게 될 거야.

1019년
고려 시대
강감찬, 귀주 대첩 승리

1029년
고려 시대
개경의 나성 완성

1097년
고려 시대
대각국사 의천, 천태종 개창

1102년
고려 시대
숙종, 해동통보 만듦

왕건이 죽은 뒤, 호족들은 치열한 권력 다툼을 벌였어. 그 틈바구니에서 왕건의 맏아들 혜종은 2년밖에 왕위를 지키지 못하고 세상을 떠났단다. 고려 초기에는 호족들이 강하고 왕은 매우 힘이 약했어. 왕의 권한이 강해진 것은 4대 왕인 광종 때야. 광종은 왕권을 강화하기 위해 두 가지 새로운 정책을 실시했어.

노비안검법과 과거 제도를 실시한 광종

첫째는 노비안검법이었어. 이 법은 호족들이 불법으로 갖고 있던 노비들을 양인으로 되돌려주는 것이었단다. 고려의 신분 제도에서 노비는 천인에 속했어. 고려의 신분 제도에 대해서는 좀 있다 자세히 알아보자.

그런데 광종은 왜 노비들을 양인으로 되돌려주었을까? 불쌍해서라고? 천만에. 당시에는 사람의 노동력이 무엇보다 가장 중요한 재산이었어. 그러므로 호족들에게서 노비를 빼앗는 것은 호족들의 재산을 빼앗는 것이나 다름없었어. 노비안검법은 호족의 경제 기반을 뒤흔들어서 그 힘을 약화시키는 데 목적이 있었어. 그럼 노비안검법에 반대하는 호족들이 많았겠지? 광종은 그런 자들은 용서 없이 처단했어.

불일사 5층 석탑
광종이 왕건의 셋째 왕비였던 어머니 신명 왕후 유씨를 위해 세운 불일사에 있던 탑이야. 오늘날 불일사는 없어지고, 탑만 남아 개성의 고려 박물관에 있단다.

두 번째 새로운 정책은 과거 제도였어. 958년에 처음으로 과거 제도를 실시하여 신분이나 집안에 관계없이 실력에 따라 관리를 뽑도록 했단다. 신라 때는 골품제에 의해 태어나면서부터 관리가 될 수 있는 사람이 정해져 있었다고 했지? 뿐만 아니라 타고난 골품의 높낮이에 따라서 올라갈 수 있는 벼슬자리가 이미 정해져 있었어.

고려 때는 이러한 골품제가 없어지고, 과거 시험에 합격만 하면 관리가 될 수 있었어. 그러고 보면 고려는 신라에 비해 신분의 굴레가 훨씬 가벼워진 셈이야. 이렇게 과거 시험에 합격하여 관리가 된 사람들이 광종의 뜻에 따르는 충직한 신하가 되었으리라는 것쯤은 세운이 너도 이미 짐작했을 거야.

그리고 광종의 아들 경종은 과거 제도를 경제적으로 뒷받침해 줄 토지 제도를 만들었어. 이것을 '전시과'라고 한단다. 이름이 특이하지? 전시과는 관직의 등급에 따라 '전지'와 '시지'를 나눠 주는 제도야. 여기서 전지는 곡물을 거둘 수 있는 토지를, 시지는 땔

*田 밭 전
地 땅 지

*柴 땔나무 시
地 땅 지

고려의 성균관
개성에 있는 성균관은 고려의 최고 교육 기관으로서 지금으로 치면 국립대학과 같은 곳이야. 서양의 대학보다 먼저 생겼단다. 992년 처음 생겼을 때는 국자감이라 했는데, 나중에 성균관으로 이름을 바꾸었어. 지금은 고려 역사 박물관으로 사용되고 있단다.

감을 얻을 수 있는 산 같은 곳을 말한단다. 이렇게 전시과는 관리들에게 벼슬의 높낮이에 따라 토지를 나눠 주는 제도였어. 그런데 이때 토지를 나눠 준다는 말은 토지 자체를 주는 것이 아니라, 그 토지에서 나는 생산물을 가질 권리를 준다는 뜻이야. 이러한 권리를 어려운 말로 '수조권'이라고 해. 수조권은 관리가 벼슬을 그만두거나 죽으면 자식에게 물려주지 않고 나라에 되돌려주게 되어 있었어.

* 收 거둘 수
租 조세 조
權 권세 권

노비안검법, 과거 제도, 전시과 같은 새로운 제도가 잇달아 실시되면서 호족들은 점차 힘을 잃어 갔어. 더 이상 예전처럼 한 지방의 실력자로 위세를 떨칠 수 없게 된 거지. 호족의 아들들은 공부를 열심히 해서 과거 시험에 합격하여 관리가 되든지, 아니면 고향 마을에 그냥 눌러살든지 해야 했단다.

고려는 경종의 뒤를 이은 성종 때 이르러서야 비로소 정치와 제도가 안정되었어. 왕건이 후삼국을 통일한 후 50여 년이란 시간이 흐른 뒤였지.

지체 높은 집안, 문벌

고려 시대에는 골품제가 없어지고 과거 시험에 합격하면 관리가 될 수 있었다고 했지? 그럼 일반 농민들도 과거 시험에 합격해서 관리가 될 수 있었을까? 만약 그랬다면 고려 시대는 요즘과 거의 다를 바 없는 열린 사회였을 텐데……. 하지만 그렇진 않았어. 고려 시대에 과거를 보려면 요즘의 응시 원서와 비슷한 '가장'이란 것을 제출해야 했어. 가장에는 응시자의 이름, 본관, 4대 조상의 관직을 적어야 했지. 쉽게 말해서 응시자의 출신 집안이 어느 정도인지 서류 심사를 하는 거야.

삼태사 유물
위는 허리띠, 아래는 인(도)장을 담아 두는 함이란다. 고려 시대 관리들이 어떤 물건들을 사용했는지 알 수 있어. 고려의 개국 공신인 김선평, 권행, 장길(정필) 세 사람의 유물로, 이 세 사람은 왕건을 도운 공로로 삼태사라고 불린단다.

*家 집 가
狀 문서 장

그런데 일반 농민은 4대 조상 중에 관직을 지낸 자가 있을 리 없으니 서류 심사에서 떨어질 수밖에. 설령 심사에 통과하더라도 더 심각한 문제가 있었어. 과거를 보려면 공부에만 매달려 유교 경전을 달달 외우다시피 해야 하는데 온종일 농사일을 해야 겨우 먹고 살 수 있는 농민이 어떻게 과거 공부에만 매달릴 수 있었겠니? 그래서 농민들에게는 과거에 합격하여 관리가 된다는 것이 그림의

관리들이 이상으로 삼은 생활
가까운 벗들과 함께 시를 짓거나 그림을 감상하면서 여가를 즐기는 모습이야. 고려의 관리들은 이러한 생활을 이상으로 삼았어.

떡이었단다.

고려 시대에 관리가 될 수 있는 길로는 과거 말고도 '음서'라는 것이 있었어. 음서는 왕족이나 나라에 공을 세운 공신의 자손, 또는 5품 이상 고급 관리의 자손에게 과거 시험을 치르지 않고도 관리가 될 수 있는 특혜를 주는 것을 말해. 그러니까 만약 자기 아버지나 할아버지가 5품 이상의 관리라면, 그 아들이나 손자는 과거 시험을 보지 않고도 벼슬을 할 수 있었단다.

이런 일이 반복되면서 어떤 특정 집안에서 대대로 벼슬아치들이 나오게 되었어. 이 특정 집안은 고려 사회를 좌지우지하는 지배층이 되었지. 이러한 집안을 '문벌'이라고 해.

문벌은 문벌끼리 결혼했단다. 고려 시대의 유명한 문벌로

공음전

높은 관리나 나라에 공을 세운 공신한테는 특별히 '공음전'이라는 토지를 주었어. 공음전은 전시과와는 다르게 대대손손 후손에게 물려줄 수가 있었단다. 공음전과 음서는 문벌을 지탱해 주는 중요한 요소였어.

는 경원 이씨, 경주 김씨, 해주 최씨, 파평 윤씨가 있었어. 《삼국사기》를 편찬한 김부식도 경주 김씨로 문벌 출신이었어.

파주 서곡리 무덤 벽화

고려 시대 관리의 모습을 잘 알려 주는 벽화야. 공민왕 때 관리인 권준의 무덤에서 발견되었어.

중미정에 흐르는 눈물

고려 시대에는 신라와 같은 골품제는 없어졌지만, 여전히 신분 제도가 있었어. 고려 시대의 신분을 크게 지배층과 피지배층으로 나누어 보면, 지배층

과거 시험은 어떻게 치렀을까?

과거 시험의 종류에는 제술과, 명경과, 잡과가 있었어. 제술과는 문장력과 국가 정책에 관한 견해를 묻는 시험, 명경과는 유교 경전의 해석 능력을 묻는 시험, 잡과는 통역관이나 의관 같은 전문직을 뽑는 시험이란다. 그중 제술과가 가장 어렵고, 또 중요했어.

과거가 처음 실시되었을 때는 시험을 한 번만 치르면 되었어. 그러다 예비 시험과 본 시험 두 번으로 늘어났고, 고려 말 공민왕 때부터는 향시, 회시, 전시의 세 번으로 늘어났지.

과거에 합격하면 명예와 권력, 재물이 뒤따랐기 때문에 사람들은 과거에 큰 기대를 걸었단다. 조선 시대의 과거는 3년에 한 번씩 열렸지만 고려 시대의 과거는 2년에 한 번씩 열렸어. 또, 조선 시대의 과거에는 무과가 있었지만 고려 시대에는 무과가 없었단다. 고려 시대의 무신은 무예가 뛰어난 자를 별도로 뽑았어.

에는 왕, 관리, 지방의 호족들이 있었고, 피지배층에는 농민과 같은 양인과 노비 같은 천인이 있었단다.

고려 시대에는 농민을 '백정'이라고 불렀어. 고려 시대의 백정은 조선 시대의 백정과는 달라. 조선 시대의 백정은 가축을 죽여서 고기를 다루는 도축업자란다. 이들의 신분은 천인이었지. 그러나 고려 시대의 백정은 천인이 아니라 양인이고, 농사를 짓는 농민이었단다.

지금 엄마가 국민의 한 사람으로서 여러 가지 세금을 내듯이, 고려의 농민들도 나라에 세금을 냈어. 세금의 종류에는 세 가지가 있었단다. 토지에서 거두는 곡물의 10분의 1, 지방의 귀한 특산물, 나라에서 궁궐이나 성을 쌓고 도로를 닦을 때 나가서 무료로 일해 주기였어. 지난번에 말한 삼국 시대의 세금과 매우 비슷해.

향 · 소 · 부곡

향, 소, 부곡이라는 특수한 마을에 사는 사람들은 신분은 양인이지만 농민보다 더 많은 세금을 내야 했단다. 향, 소, 부곡에 사는 사람들은 그동안 천인 신분으로 알려져 있었어. 그러나 요즘 대부분의 학자들은 이들도 농민인 백정처럼 양인이었다고 말한단다. 다만 농민이 내는 세금 외에 추가로 종이나 소금, 먹 같은 수공업품을 만들어 바치거나 관청 또는 왕실의 토지를 경작하는 일을 해야 했기 때문에 농민보다 생활이 더 어려웠으며, 사회적으로도 천대를 받았다고 해.

그런데 당시 농민들에게 가장 견디기 힘들었던 것은 무엇보다도 온갖 공사에 불려 나가 무료로 일하는 것이었어. 이런 이야기가 있단다.

고려 18대 왕 의종은 놀이를 매우 좋아했어. 그는 남지라는 연못을 만들고 중미정이라는 정자를 지어서, 연못에 배를 띄우고 노래를 부르며 즐겼단다.

그런데 이 중미정을 짓는 공사에는 수많은 사람들이 동원되었어. 이들에게는 점심도 주지 않았기 때문에 각자 알아서 먹을 것을 싸 와야 했단다.

어느 농부가 집이 무척 가난하여 점심을 싸 올 형편이 못 되었어. 그는 점심때마다 남이 먹는 도시락을 물끄러미 바라보기만 했지. 같이 일하는 사람들이 그를 딱하게 여기고 자기 것을 조금씩 덜어 주었단다. 이런 날이 며칠이고 계속되었어.

하루는 집에 돌아간 농부가 아내에게 조심스럽게 이 사실을 털어놓았어. '고마운 사람들에게 보답할 길이 없을까?' 하고 말이야. 아내는 곰곰이 생각하는 눈치였어.

다음 날, 점심때가 되었어. 농부는 깜짝 놀랐단다. 음식이 가득 든 광주리를 머리에 이고 아내가 나타난 거야. 광주리를 열어 본 남편은 눈이 휘둥그레졌어. 밥은 물론이고 술과 고기까지 들어 있었거든. 농부는 의아한 눈으로 아내에게 물었어.

"이게 웬 음식이오? 우리 집 살림 형편이 어려운데, 어디서 이런 음식을 얻어 왔소?"

"얻어 온 것이 아니니, 염려 마세요."

"그렇다면 훔쳐 왔단 말이오?"

농부는 아내를 다그쳤어.

"여보, 바른대로 말하오. 어떻게 된 음식이오?"

아내는 조용히 대답했단다.

"당신이 남에게 신세 진 것을 하도 걱정하기에 내 머리카락을 잘라서 팔았어요."

그제야 남편은 아내를 다시 쳐다보았어. 아내는 머리에 수건을 쓰고 있었어. 수건을 벗기자 숱 많고 탐스럽던 아내의 머리카락이

고려 궁궐 복원 모형
고려 시대에 농민들은 나라에서 벌이는 각종 공사에 불려 나가 일을 해야 했어. 궁궐을 지을 때에도 수많은 농민들이 구슬땀을 흘렸을 거야.

하나도 남김없이 잘려 나가 있었어.

"미안하오. 당신의 고운 마음씨를 의심하다니. 잘못했소."

남편의 눈에서도, 아내의 눈에서도 눈물이 그칠 줄 몰랐단다. 이 광경을 지켜보던 사람들도 모두 눈물을 흘렸어. 일터는 삽시간에 울음바다로 변했지. 이것이 당시 평범한 농민들의 생활이었단다.

성종과 최승로, "정치는 유교로 해야……"

최승로는 신라의 6두품 집안에서 태어났어. 신라가 고려에 항복했을 때, 아홉 살이었던 최승로는 아버지 최은함을 따라 고려로 갔단다.

열두 살 때 태조 왕건 앞에 불려 나가 《논어》를 줄줄 외워 칭찬을 들었고, 어른이 되어서는 높은 벼슬에 올랐어. 어느 날, 당시 왕이었던 성종이 신하들에게 명했단다.

중앙에는 중국 당나라의 3성 6부제를 받아들여 고려의 실정에 맞게 중서성과 문하성을 합친 중서문하성과 상서성을 두고, 상서성 밑에 이부, 호부, 예부, 병부, 형부, 공부 등 6부를 두어 나라 전체의 일을 맡아보게 했어. 지방에는 5도와 양계, 12목을 두어 관리를 파견해서 다스렸어. 또, 왕명 출납을 맡아보는 중추원, 왕과 신하들의 잘잘못을 비판하고 감시하는 대간 제도를 두었단다.

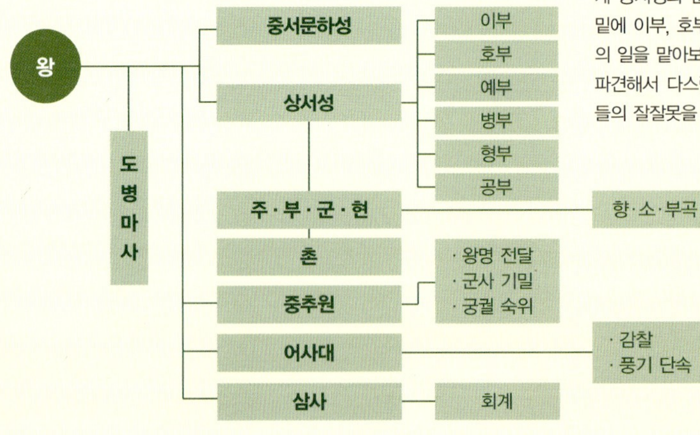

"지금까지 정치의 잘잘못을 논하는 상소를 올려라."

최승로는 28조로 된 상소를 올렸어. 이 상소를 '시무 28조' 라고 해. 상소에서 그는 '불교는 몸을 닦는 근본이요, 유교는 나라를 다스리는 근본' 이라면서, 정치는 유교로 해야 한다고 주장했어. 또, 왕은 신하들을 예의로 대하고 아랫사람의 의견에 귀 기울일 줄 알아야 한다면서 왕의 권한이 지나치게 강해서는 안 된다고 했어.

성종은 최승로의 상소를 받아들여 유교를 정치의 중심 사상으로 삼고, 여러 가지 제도를 새로 만들었단다. 성종 때 만들어진 유교 중심의 정치 제도는 고려 시대 정치 제도의 기본 틀이 되었어.

최승로의 시무 28조는 오늘날 22조만 남아서 전해 오고 있단다. 그중에서 중요한 내용을 살펴볼까?

- 북방의 오랑캐에 대비하여 군사를 기를 것
- 지방에 관리를 파견하여 백성을 보살피게 할 것
- 관리들의 복식을 정할 것
- 귀족을 지나치게 억누르지 말 것
- 공신들의 자손을 등용할 것
- 왕은 신하를 예로써 대할 것
- 불교 행사를 지나치게 크게 하는 것은 백성에게 부담을 주는 일이니 줄일 것
- 함부로 절을 짓는 일을 금지할 것

거란과의 30년 전쟁

1019년

서희는 거란이 공격해 온 의도가 고려를 송두리째 손에 넣으려는 것이 아니라,
다만 고려와 송의 관계를 끊는 데 있다는 것을 간파하고 있었어.
나아가 서희는 거란의 주장을 조목조목 반박할 만큼 준비를 충분히 하고 있었지.
서희는 고구려의 역사는 물론이고 여진, 거란, 송에 둘러싸인 당시 고려의 처지와
국제 관계를 아주 잘 알고 있었던 것 같아.

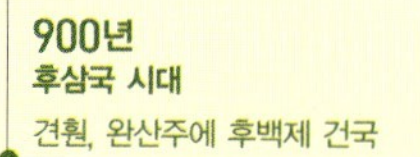

900년
후삼국 시대
견훤, 완산주에 후백제 건국

936년
고려 시대
왕건, 후삼국 통일

956년
고려 시대
광종, 노비안검법 실시

세운이는 고려 하면 생각나는 것 중에 하나가 '전쟁'이라고 했지?
아마 몽골과의 전쟁이 떠올라서 그런가 본데, 고려는 몽골뿐만 아니라
거란, 여진과도 오랫동안 전쟁을 했어. 고려가 다른 나라와 여러 번 전쟁을 한 까닭은
당시 고려를 둘러싼 국제 정세가 급변하고 있었기 때문이야.
중국의 주인이던 당나라가 멸망한 뒤, 만주의 거란과 여진은
서로 중국을 차지하려고 호시탐탐 노렸어.
그런데 중국에 새로 등장한 송나라는 거란, 여진을 경계하면서 고려와 손잡으려고 했지.
고려는 어느 한쪽과 일방적으로 친한 관계를 맺기보다는
상황에 따라 적절히 대처하면서 나라의 이익을 구하고자 했어.
중국의 송나라, 만주의 거란과 여진, 한반도의 고려는 삼각형의 세 꼭짓점과 같았지.
그 균형이 깨졌을 때 전쟁이 일어났단다.
어떤 사람들은 우리 민족이 예부터 남의 나라를 침략한 적은 없고
침략만 당했다면서 민족성이 나약했기 때문이라고 말하는데, 그건 잘못된 생각이야.
일제 시대에 일본인 사학자들이 그런 주장을 내세웠지.
나라와 나라 간의 전쟁은 예나 지금이나 예민한 국제 정세 속에서 일어난단다.
자, 오늘은 고려가 거란의 침입을 어떻게 물리쳤는지 알아보자.

1029년
고려 시대
개경의 나성 완성

1097년
고려 시대
대각국사 의천, 천태종 개창

1102년
고려 시대
숙종, 해동통보 만듦

1019년
고려 시대 강감찬, 귀주 대첩 승리

후삼국이 통일된 지 약 60년이 되었을 때, 고려는 거란과 전쟁을 하게 되었어. 거란은 만주에서 일어난 민족으로, 발해를 멸망시키고 중국 북부까지 세력을 넓혀 나라 이름을 '요'라고 했단다.

고려는 거란을 멀리했어. 국교를 맺자는 거란의 요청을 거절했단다. 태조 왕건은 거란이 보낸 사신들을 모두 섬으로 유배시키고, 선물로 보낸 낙타 50마리는 개성에 있는 다리 '만부교' 밑에 매어 놓은 채 먹이를 주지 않아 굶어 죽게 했어.

차 끓이는 거란인
거란 사람들은 차를 즐겨 마셨다고 해.

한편, 중국에서는 송나라가 건국되었어. 고려는 송나라와 국교를 맺었지. 송나라를 무너뜨리고 중국 전체를 차지할 야심을 갖고 있던 거란은 송나라를 공격하기 전에, 먼저 배후의 불안을 없애기

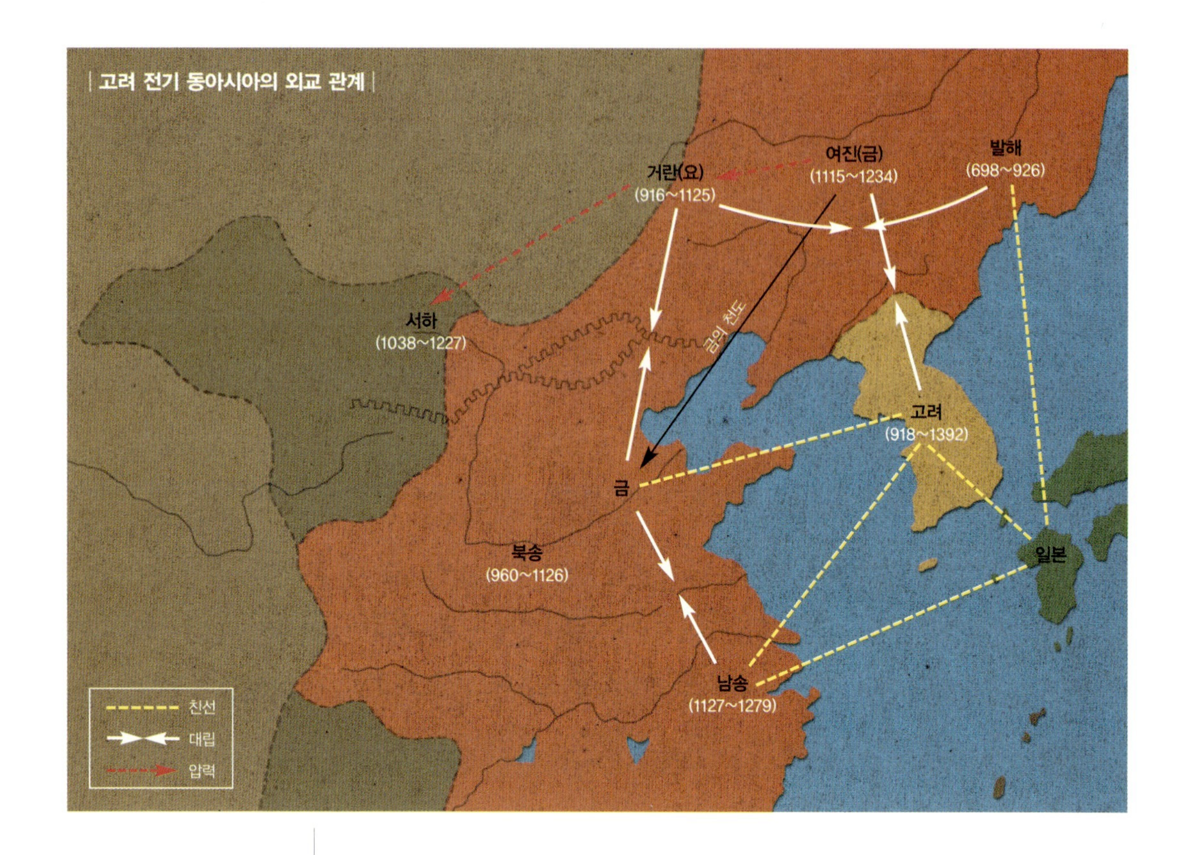

위해서 고려로 쳐들어왔단다. 993년부터 1019년까지 거란은 약 30년에 걸쳐서 세 차례나 침입해 왔어.

서희의 외교로 얻은 강동 6주

993년에 일어난 거란의 1차 침입 때, 고려는 서희의 활약으로 큰 싸움 없이 거란군을 물리쳤어. 뿐만 아니라 강동 6주를 확보하여 오히려 영토를 늘렸단다. 싸우지 않고 말로 적을 물리친 서희야말로 뛰어난 장군 아니겠니? 그럼, 서희의

활약을 보자.

압록강을 넘어온 거란군의 총사령관 소손녕은 항복하라며 큰소리를 쳤어. 소손녕은 거란 왕의 사위였지.

"우리 군사 80만이 도착했다. 만일 항복하지 않으면 기필코 섬멸해 버리고 말 테니 고려의 왕과 신하들은 빨리 항복하라."

거란군의 숫자에 놀란 고려 조정은 서경(지금의 평양) 이북의 땅을 떼어 주고 화해를 하자는 쪽으로 의견을 모았단다. 이때 서희가 반대하고 나섰어.

"지금 거란이 침공해 온 까닭은 가주와 송성, 이 두 성을 뺏으려는 데 불과한 것입니다. 적들의 병력이 많은 것만 보고 서경 이북을 떼어 주는 것은 올바른 계책이 아닙니다."

그때 소손녕이 다시 한 번 사신을 보내 항복을 독촉했어. 그러자 고려 왕 성종이 말했단다.

"누구 거란 진영으로 가서 말로 적군을 물리치고 공을 세울 사람이 없는가?"

서희가 일어나서 말했어.

"제가 왕명을 받들겠습니다."

성종은 서희를 강가까지 배웅 나가 손을 잡고서 격려해 주었어.

서희가 거란 진영에 도착하자, 소손녕이 말했단다.

"나는 대국의 귀인이니 그대가 뜰에서 내게 절해야 하오."

"신하가 임금을 대할 때 뜰 아래서 절하는 것은 예법에 있는 일이지만, 양국의 대신이 만나는 자리에서 어찌 그럴 수 있겠소."

가주와 송성

광종 때 평안북도 지방을 정복하고 쌓은 성이란다. 지금의 평안북도 박천군 부근에 있었어. 거란은 이곳을 탐냈단다.

서희는 숙소로 돌아와 꼼짝도 하지 않았어. 소손녕은 서희의 당당한 태도에 내심 감탄하여, 동등한 자격으로 만나자고 다시 청했어. 결국 서희와 소손녕은 마주 앉아 담판을 시작했단다. 먼저 소손녕이 입을 열었어.

"그대의 나라는 옛 신라의 땅에서 일어났고, 옛 고구려의 땅은 이미 우리 영토가 되었소. 그런데 어찌하여 침범하였소? 또, 우리와 국경을 맞대고 있으면서 바다 건너 송나라와 친하게 지내는 까닭은 무엇이오?"

서희와 소손녕의 담판

80만 대군을 이끌고 온 소손녕과 마주 앉아
당당하게 담판을 지은 서희는 당시의 국제 정세를 잘 알고 있었어.
그래서 거란을 말로 물리칠 수가 있었단다.

"그렇지 않소. 우리나라는 고구려의 뒤를 이은 나라요. 그래서 나라 이름을 고려라 하고, 평양에 도읍한 것이오. 귀국의 동경인 요양은 원래 고구려의 땅으로 우리 영토가 되어야 마땅하니, 어찌 침범했다고 할 수 있겠소? 또 압록강 안팎은 본래 우리 영토인데, 그 사이에 여진이 끼어들어 우리가 그곳으로 다니기란 바다를 건너기보다 더 어렵소. 국교가 통하지 못하는 것은 여진 때문이오. 만일 여진을 몰아내고 성을 쌓아 길이 통하게 된다면 어찌 국교가 통하지 않겠소? 그대가 내 말을 귀국의 임금에게 전한다면 어찌 받아들이지 않으시겠소?"

서희는 거란이 공격해 온 의도가 고려를 송두리째 손에 넣으려는 것이 아니라, 다만 고려와 송의 관계를 끊는 데 있다는 것을 간파하고 있었어. 나아가 서희는 거란의 주장을 조목조목 반박할 만큼 준비를 충분히 하고 있었지.

서희는 고구려의 역사는 물론이고 여진, 거란, 송에 둘러싸인 당시 고려의 처지와 국제 관계를 아주 잘 알고 있었던 것 같아. 그래서 고려는 고구려의 뒤를 이은 나라라고 대답하면서 일부러 수도를 개경이 아닌 평양이라고 한 것이란다.

서희와의 담판 내용을 자기 나라에 보고한 소손녕은 화해를 맺으라는 회답을 받았어. 소손녕은 서희에게 낙타 열 마리, 말 백 필, 양 천 마리, 비단 백 필을 선물로 주고 돌아갔어.

그 후 거란은 압록강 서쪽에 다섯 성을 새로 쌓아 고려로 통하는 길을 냈지. 고려는 서희로 하여금 군사를 이끌고 압록강 동쪽의 여

진족을 몰아내고 흥화진(지금의 의주), 용주(지금의 용천), 철주(지금의 철산), 통주(지금의 선천), 곽주(지금의 곽산), 귀주(지금의 귀성) 등 여섯 곳에 성을 쌓게 했단다. 이것이 바로 '강동 6주' 야.

서희 덕분에 고려는 싸우지도 않고 거란을 물리쳤을 뿐 아니라 여진의 손에 들어가 있던 압록강 일대를 고려 영토로 만들었단다.

강동 6주를 쌓은 지 4년 뒤인 998년, 서희는 쉰일곱 살로 세상을 떠났어.

소가죽으로 강물을 막아 이긴 흥화진 전투

서희의 외교로 강동 6주를 얻고, 약속대로 거란과 국교를 맺으면서 송나라와 국교를 끊었던 고려는 10년 뒤, 송나라와 다시 국교를 맺었어. 거란이 강동 6주를 탐내고 있다는 것을 알았기 때문이야.

강동 6주는 개경으로 통하는 길목으로 천연의 요새였어. 또, 교통과 무역의 중심지였지. 이 일대는 여진, 거란, 송, 고려 간의 무역이 이루어지는 곳이기도 했거든. 거란은 강동 6주를 고려에게 내준 것을 내심 후회하고 있었어. 결국, 거란은 1010년 다시 쳐들

귀주성
귀주성은 강동 6주의 하나로, 만주에서 압록강을 넘어 수도 개경으로 가는 길목을 지키는 중요한 성이었어. 강감찬이 거란군을 물리친 귀주대첩은 귀주성 동쪽 벌판에서 벌어졌지. 뿐만 아니라 훗날 몽골과의 전투도 귀주성에서 벌어졌어. 사진은 평안북도 구성에 있는 귀주성의 남문이란다.

어왔어. 이것이 2차 침입이야.

2차 침입 때는 고려 왕 현종이 수도 개경을 버리고 전라도 나주까지 피난을 가야 했어. 고려는 왕이 친히 거란에 인사하러 간다는 조건으로 거란과 강화를 맺었단다.

3차 침입은 1018년에 일어났어. 소배압이 지휘하는 10만 대군이 압록강을 건넜어. 고려는 강감찬을 총사령관으로 삼아 거란군을 막게 했어. 이때 고려군은 20만 8천여 명으로 거란군의 두 배였고, 강감찬은 일흔한 살의 백전노장이었단다.

강감찬이 쇠가죽으로 강물을 막아 대승을 거두었다는 얘기는 세운이 너도 알고 있지?

귀주성의 남문 앞에 있는 거북 초석

그 싸움이 귀주 대첩이라고 잘못 알고 있는 사람들이 많은데, 사실은 귀주 대첩이 아니라 흥화진 전투란다. 귀주 대첩은 강이 아닌 들판에서 벌인 전투였어.

그럼 흥화진 전투부터 살펴보자. 흥화진 성의 동쪽에는 강물이 흐르고 있었단다. 강감찬은 쇠가죽을 연결하여 강 상류를 막아 놓고 정예 기병 1만 2천 명을 매복시켰어. 거란군은 아무것도 모른 채 강을 건너려고 뛰어들었지. 강감찬은 때맞춰 막아놓은 강물을 텄단다. 그러고는 갑자기 쏟아져 내려오는 물살에 당황하여 어쩔 줄 모르는 거란군을 맹공격하여 승리를 거두었어.

낙성대 앞의 강감찬 동상

낙성대는 강감찬이 태어난 곳이야. 서울 관악구 봉천동에 있어. 강감찬이 태어났을 때, 하늘에서 큰 별이 떨어졌다고 해서 낙성대라는 이름이 붙여졌단다. 이곳에는 강감찬의 사적비와 사당인 안국사, 3층 석탑 들이 있어.

들판에서 벌어진 귀주 대첩

비록 흥화진에서 패하긴 했지만 쉽게 포기할 소배압이 아니었어. 거란군은 개경을 향해 밀어닥쳤어. 개경은 비상사태에 들어갔어. 개경 주변에 사는 백성들을 모두 성안으로 피신시키고, 곡식은 한 톨도 남기지 말고 우물은 모조리

메워 버리게 했어. 적군의 식량이 될 만한 것을 남기지 않음으로써 적군을 굶주림과 피로에 지치게 하기 위해서였지. 이것을 '청야 전술' 이라고 한단다.

시간을 더 끌면 불리하다고 판단한 소배압은 철수하기 시작했어. 드디어 철수하는 거란군이 압록강 근처의 귀주에 도착했단다. 귀주는 25년 전, 서희의 담판으로 얻은 강동 6주 가운데 하나야.

* 淸 맑을 청
野 들 야

천리장성

거란과의 전쟁이 끝난 뒤, 고려는 북쪽 국경선을 따라 돌로 성을 쌓았단다. 압록강의 서쪽 끝이 바다로 흘러 들어가는 곳부터 지금의 함경남도 영흥의 도련포까지 쌓았는데, 총 길이가 천 리쯤 된다고 해서 '천리장성' 이라고 해. 성의 높이와 두께는 각각 25자였단다. 천리장성은 1033년부터 1044년까지 10여 년에 걸쳐 완성했어. 처음부터 새로 쌓은 것이 아니라 주요 요새마다 이미 있던 성과 성을 서로 이어서 완성한 거야.

중국의 만리장성이 북방 민족의 공격을 막기 위한 성이었던 것처럼 고려의 천리장성도 여진이나 거란 같은 북방 민족의 침입을 막기 위해 쌓은 성이란다. 현재 북한에는 천리장성의 유적이 군데군데 남아 있어.

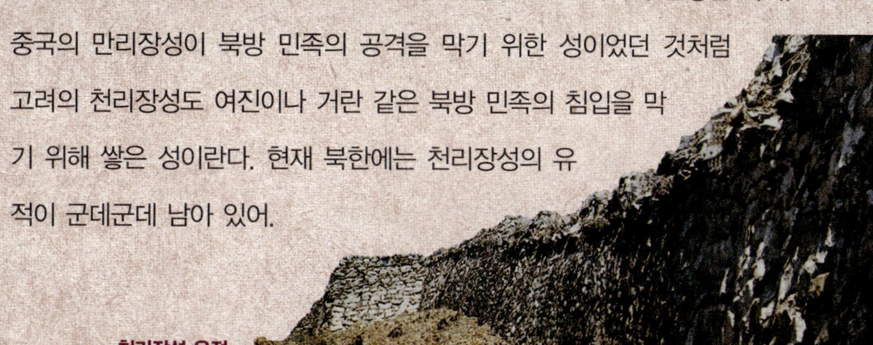

천리장성 유적

귀주 동쪽 벌판에서 전투가 시작되었어. 밀고 당기는 팽팽한 싸움이었지. 그때 갑자기 거센 비바람이 거란군 쪽으로 몰아치기 시작했어. 고려군은 때를 놓칠세라 바람을 타고 적진에 화살을 퍼부었어. 전투 결과는 고려군의 대승리였어. 거란의 10만 군사 중에 살아 돌아간 자는 수천 명뿐이었단다. 바로 이 전투를 '귀주 대첩'이라고 해.

그 후, 거란은 다시는 고려를 침략하지 않았어. 고려는 몽골이 침

귀주 대첩 기록화
고려군과 거란군의 한판 승부를 그린 그림이야. –전쟁기념관

입해 올 때까지 약 200년 동안 평화를 누렸단다. 서희와 강감찬은 거란과의 전쟁을 승리로 이끈 걸출한 영웅이었어. 그렇지만 두 영웅이 거둔 승리 뒤에는 이름 없는 병사들과 백성들의 피와 땀이 숨어 있다는 것을 기억해야겠지?

강민첨 영정
강민첨은 강감찬의 부장으로 거란군을 물리치는 데 큰 공을 세웠어. 이 초상화는 고려 때 그린 것이 아니라 나중에 조선 시대에 베껴 그린 것이란다.

?!

윤관과 동북 9성

척경입비도 윤관이 선춘령에 '고려의 경계'라는 뜻으로 '고려지경'이라고 새긴 비석을 세우는 장면을 그린 그림이야. 조선 후기의 책 《북관유적도첩》에 실려 있어. 《북관유적도첩》은 고려 시대부터 조선 시대에 걸쳐 북관, 즉 함경도 일대에서 공을 세운 인물들의 활약을 그림과 글로 설명해 놓은 책이란다. -고려대학교박물관

거란과의 전쟁이 끝난 지 약 백 년 뒤인 1104년, 고려는 여진 정벌에 나섰어. 여진은 두만강과 함경도 일대를 차지하고서 나날이 강성해지고 있었기 때문에 그 힘을 꺾어 놓을 필요가 있었거든. 그러나 1차 공격은 실패했어. 총사령관 윤관은 기병이 중심인 여진을 이기려면 고려도 강한 기병을 길러야 한다면서 별무반이라는 특별 부대를 만들자고 건의했어. 별무반은 기병인 신기군, 보병인 신보군, 승려 부대인 항마군으로 이루어졌지.

3년 뒤, 17만 명의 육군과 수군 2천6백 명을 동원한 2차 공격이 시작되었어. 윤관은 천리장성을 넘어 두만강을 향해 북진하면서 함경도의 주요 지점 아홉 군데에 성을 쌓았어. 그리고 남쪽의 주민들을 옮겨 살게 했단다. 이를 '동북 9성'이라고 해. 《고려사》에는 9성을 함주, 영주, 웅주, 복주, 길주, 통태진, 숭녕진, 진양진, 공험진 등이라고 기록하고 있는데, 9성의 위치가 정확히 어디인지는 아직 모른단다.

그러나 동북 9성은 강동 6주처럼 고려의 영토가 되지 못했어. 동북 9성은 여진 지역 깊숙이 들어가 있었기 때문에 여진의 계속된 공격 앞에서 버티기가 어려웠거든. 결국 동북 9성은 여진의 손에 도로 넘어가고 말았단다.

살 곳을 잃은 여진이 조공을 바치겠다고 간청하여 돌려주었다고 하지만, 실은 유지할 수가 없어서 포기한 것이나 다름없었어. 그 후 여진은 날로 강성해져서 나라를 세우고 나라 이름을 '금'이라고 했단다. 고려는 전쟁을 피하기 위해 금과 국교를 맺었어.

척경입비도 부분

국제 무역항 벽란도와 코리아

1029년

벽란도는 수도 개경으로 가는 관문이자 국제 무역항이었어.
마치 오늘날 인천이 서울의 관문이자 국제 무역항이듯이 말야.
벽란도에는 송나라 상인, 중앙아시아 상인, 일본 상인, 동남아시아 상인들이 부산히 오고갔어.
아라비아 상인들도 다녀갔고, 고려 사람들은 아라비아를 '대식국'이라고 불렀어.
아라비아 상인들은 모두 세 차례 고려에 왔단다.
이들은 열대 지방에서 나는 몰약, 베트남에서 나는 향료, 수은 등을 갖고 왔어.

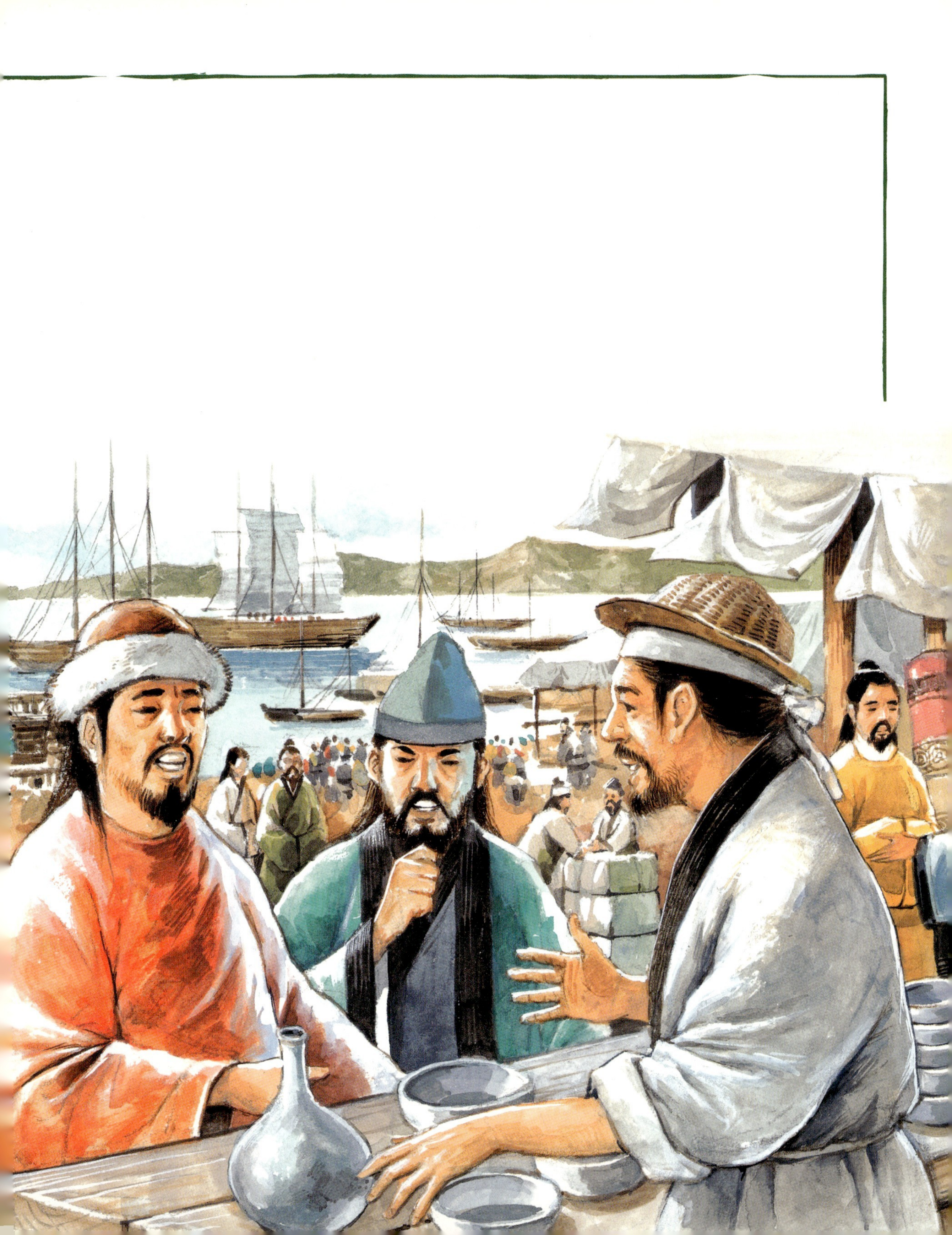

900년
후삼국 시대
견훤, 완산주에 후백제 건국

936년
고려 시대
왕건, 후삼국 통일

956년
고려 시대
광종, 노비안검법 실시

1019년
고려 시대
강감찬, 귀주 대첩 승리

"세운아, 서양인들은 우리나라를 왜 '코리아'라고 부르는 줄 아니?"

"코리아는 '고려'에서 나온 말 아닌가?"

맞아, 네 말대로 '코리아'라는 이름은 '고려'에서 나왔어.
고려 때 우리나라를 다녀간 아라비아 상인들을 통해서 알려진 이름이란다.
"아라비아 상인들이 우리나라까지 찾아왔었어?"
그렇단다. 고려는 외국과 무역을 매우 활발하게 했어.
중국, 일본, 동남아시아는 물론이고 멀리 아라비아에서도 상인들이 찾아왔지.
우리나라가 코리아란 이름으로 알려진 데는 또 다른 얘기도 있어.
중국 원나라에 왔던 서양 선교사 중에 루브루크라는 사람이 있었는데,
그 사람이 로마에 있는 교황에게 편지를 쓰면서
압록강 너머에 '카울레'라는 나라가 있다고 했단다.
카울레가 코레, 코레가 코리아로 바뀌었다고 해.
어느 쪽이 맞든 코리아라는 이름이 고려에서 나온 것만큼은 분명해.
오늘은 코리아라는 이름이 널리 알려지는 밑바탕이 된
고려의 무역 활동에 대해 알아보자꾸나.

1097년
고려 시대
대각국사 의천, 천태종 개창

1102년
고려 시대
숙종, 해동통보 만듦

1029년
고려 시대 개경의 나성 완성

외국 상인들은 배를 타고 황해를 건너와 예성강 입구에 있는 벽란도에 닻을 내렸어. 벽란도는 예성강이 황해와 만나는 곳에 자리 잡고 있단다. '도' 자가 붙었으니까 섬이라고 생각할지 모르겠는데, 옛날에는 항구에 '도' 또는 '진'이란 이름을 붙였어. 배가 드나드는 '나루'라는 뜻이야. 삼전도, 노량진, 웅진(지금의 공주) 등은 모두 배가 드나드는 나루였단다.

벽란도는 '푸른 물결 넘실대는 나루'라는 이름 그대로 무척 아름다운 항구였어.

*渡 나루 도
*津 나루 진

'KOREA'로 표기된 최초의 지도
1734년 러시아 지리학자 키릴로프가 만든 〈러시아 제국 총도〉란다. 우리나라를 'KOREA'로 표기한 최초의 지도야. 이전의 지도들은 주로 'COREA' 또는 'CORÉE'라고 표기했어.

푸른 물결 넘실대는 벽란 나루

벽란도는 고려의 수도 개경과 퍽 가까웠어. 개경을 둘러싸고 있는 성의 서쪽 대문인 선의문에서 서쪽으로 30리쯤 가면 벽란도에 닿았지. 벽란도는 수도 개경으로 가는 관문이자 국제 무역항이었어. 마치 오늘날 인천이 서울의 관문이자 국제 무역항이듯이 말야.

벽란도에는 송나라 상인, 중앙아시아 상인, 일본 상인, 동남아시아 상인들이 부산히 오고갔어. 아라비아 상인들도 다녀갔고.

고려 사람들은 아라비아를 '대식국'이라고 불렀어. 아라비아 상인들은 모두 세 차례 고려에 왔단다. 이들은 열대 지방에서 나는 몰약, 베트남에서 나는 향료, 수은 등을 갖고 왔어. 아라비아 상인들은 고려에 오지 않게 된 뒤에도 송나라 상인들을 통해서 계속 고려의 물건을 사들였단다.

벽란도에는 외국 상인들이나 사신들이 머무는 건물이 있었어. 건물 이름은 '벽란정'이라고 했단다.

수많은 외국인들이 드나드는 벽란도는 외국에서 갓 들어온 새로운 문물을 가장 빠르게 만나 볼 수 있는 곳이었어. 그런가 하면 고

국제 무역항 벽란도
벽란도는 활기 넘치는 국제 무역항이었단다. 벽란도에는 송나라, 일본, 거란, 여진 그리고 아라비아 상인들까지 드나들었어. 세모 모양의 돛을 단 배가 아라비아 상인들이 타고 온 무역선이야.

신안 앞바다 침몰선 복원 모습
1323년쯤 중국에서 일본으로 가다가 신안 앞바다에서 침몰한 이 배에는 청자와 칠기, 목간 들이 잔뜩 실려 있었어. 특히 이 배에서 나온 목간은 배에 실은 짐에 매달려 있던 꼬리표로 짐의 주인과 내용, 수량 등이 적혀 있단다. 목간을 보고 이 배가 중국에서 일본으로 가던 배라는 것을 알 수 있었지.
–국립해양유물전시관

려의 고유한 풍속이 외국 문물과 만나 맨 먼저 변화를 일으키는 현장이기도 했지.

이런 얘기가 있어. 송나라 상인 가운데 하씨 성을 가진 사람이 있었단다. 그는 바둑을 아주 잘 두었는데, 벽란도에 장사를 하러 왔다가 어떤 아름다운 고려 여인을 보고는 탐이 났어. 그런데 그 여인은 남편이 있는 몸이었지. 그러나 하씨는 여인을 데려갈 작정을 하고, 여인의 남편에게 접근하여 내기 바둑을 두자고 했단다. 아무것도 모르는 남편은 그러자고 했어.

하씨는 첫 판을 일부러 져 주었단다. 그런 다음 두 곱을 걸고 두 번째 판을 벌였어. 이번에도 또 자기가 지면 다 주겠지

침몰선에서 발견된 목간

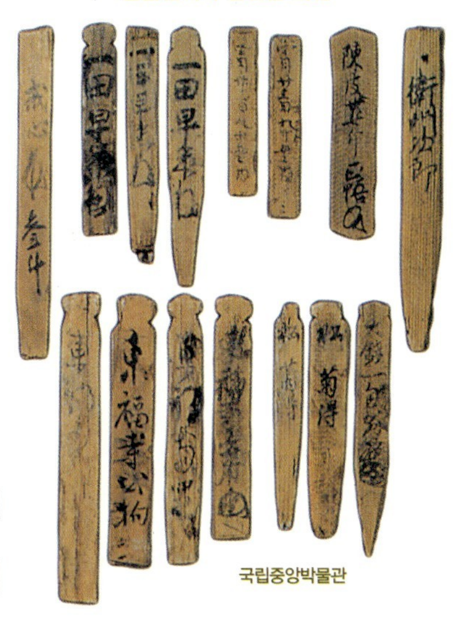

국립중앙박물관

만 만약 이기면 부인을 달라면서 말야. 두 번째 판엔 하씨가 단박에 이겼지. 그러고는 부인을 배에 싣고 떠나 버렸어. 남편은 후회하면서 한탄하는 노래를 지어 불렀단다.

의기양양하게 중국으로 향하던 하씨의 배는 한동안 나아가다가 갑자기 멈춰 버렸어. 당황한 하씨가 점을 쳐 보니, '부인을 돌려보내지 않으면 배가 부서지리라.' 는 점괘가 나왔어. 하씨는 어쩔 수 없이 여인을 돌려보냈단다. 이때 여인도 노래를 지어 불렀어. 남편과 아내가 부른 이 두 노래를 '예성강곡' 이라고 한단다. 그런데 안타깝게도 노랫말과 가락은 전해 오지 않아.

고려 제일의 수출품은 인삼

고려는 외국과 활발하게 무역 활동을 했어. 특히 중국의 송나라와 가장 많이 무역을 했지. 고려와 송나라 사이의 무역은 주로 송나라 상인들에 의해 이루어졌어. '예성강곡' 에 나오는 하씨도 그런 상인들 중의 한 사람이었을 거야.

고려의 수출품, 먹
고려의 먹은 질이 좋기로 이름난 수출품이었어. 사진은 청주시 명암동 고려 시대 무덤에서 나온 먹인데, 무덤의 주인공이 생전에 쓰던 것이라고 해. 앞면에 '단산오옥' 이라고 쓰여 있구나. '단양의 질 좋은 먹' 이라는 뜻이야.
–국립청주박물관

벽란도에 도착한 외국 상인들은 갖고 온 물건 중에서 가장 좋은 것은 왕에게 바치고 나머지는 시장에서 팔았어. 송나라 상인들은 비단, 차, 약재, 책 등을 갖고 와 팔았지. 그 밖에도 물소뿔, 상아, 비취, 공작새, 앵무새 등등 사치품을 갖고 왔단다. 송나라 상인들이 가장 많이 갖고 온 것은 비단이었어.

그럼 고려는 무엇을 수출했을까? 삼베, 모시, 인삼, 종이, 먹 등을 수출했어. 인삼은 약효가 뛰어나기로 소문이 나서 가장 인기 있는 품목이었단다. 고려의 종이는 질기고 빛깔이 흰 데다가 윤기가 흘러 최상품으로 인정받았어. 송나라 사람들은 좋은 종이를 보면 '고려 종이 같다'고 할 정도였단다. 그 밖에 잣, 연적, 돗자리, 부채, 나전칠기 등을 수출했어.

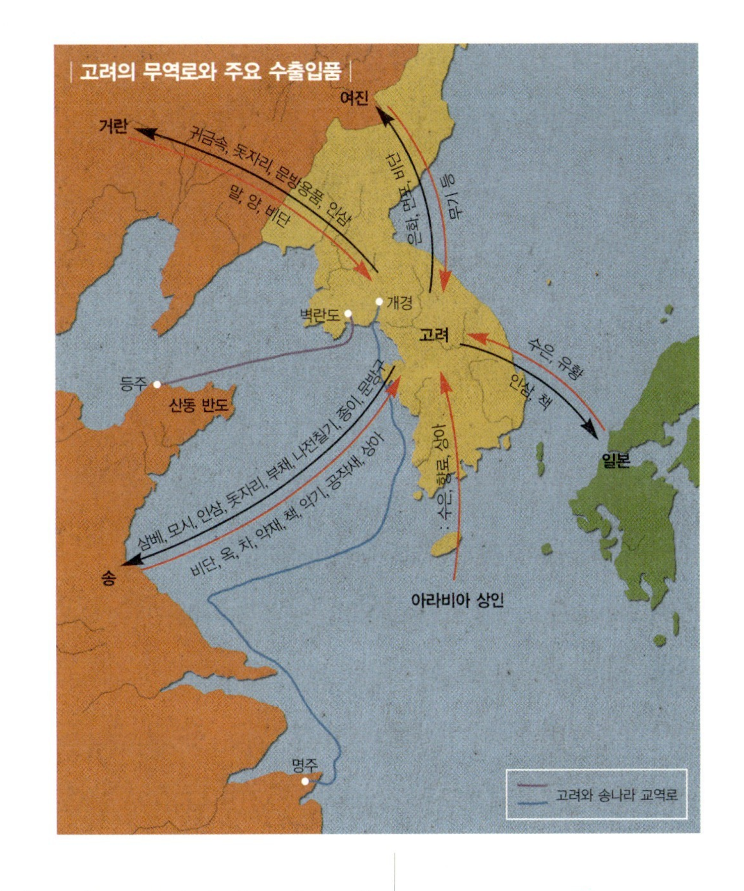

송나라에서 고려로 오는 뱃길은 두 가지였어. 산동 반도에서 출발하여 곧바로 황해를 가로질러 예성강으로 들어가는 길, 또 하나는 산동 반도 남쪽에 있는 명주(지금의 밍저우)에서 출발하여 황해를 가로지른 다음 고려의 해안선을 따라 올라와 예성강에 이르는 길이야.

산동 반도에서 출발하는 길이 거리도 짧고 편리했지만, 송나라와 사이가 나쁜 거란이 중국 북부를 차지한 뒤로는 그 길을 이용하지 않게 되었어. 자칫하면 거란의 영역 안으로 들어갈 위험이 있었기 때문이야. 그래서 좀 멀더라도 남쪽 명주에서 출발하는 길을 이용했단다. 명주를 출발한 배가 예성강의 벽란도에 짐을 풀기까지는 약 10~20일이 걸렸다고 해.

인삼

배가 새겨진 청동 거울
돛을 올린 배가 힘차게 파도를 헤쳐 나가고 있어. 고려의 활발한 무역 활동을 짐작하게 해 주는구나. –국립중앙박물관

당시의 배는 요즘처럼 터빈이나 디젤 엔진 같은 동력을 사용하는 것이 아니라 순전히 바람에 의지하여 돛과 노만으로 항해해야 했기 때문에 계절과 날씨에 신경을 많이 썼단다. 갑자기 거센 바람이 불거나 태풍을 만나기라도 하면 배가 침몰하는 경우가 자주 있었어. 잘 나가다가 거꾸로 부는 역풍에 떠밀려 출발지로 되돌아오는 일도 종종 있었단다. '예성강곡'에 나오는 하씨의 배도 아마 역풍에 휘말렸던 게 아닐까?

물살이 험한 곳에 이르면 무사히 지나가게 해 달라고 용왕님께 제물을 바치면서 제사를 지냈어. 심봉사의 눈을 뜨게 하려고 공양미 3백 석에 팔려 간 심청이의 이야기를 알고 있지? 심청이가 몸을 던진 인당수도 아마 뱃사공들이 무서워할 정도로 물살 험하기로 이름난 곳이었을 거야.

고려의 배 복원 모형

국립해양유물전시관

활기 넘치는 개경의 시장

수도 개경은 상업이 발달한 곳이었어. 태조 왕건의 집안은 대대로 해상 무역을 해 온 집안이었다고 했지? 그래서 왕건은 왕

남대가
조선 후기 화가 강세황의 <송도전경>에 그려진 남대가의 모습이야. 송도는 개경의 다른 이름이지. 아래쪽의 개경 남대문에서 곧게 쭉 뻗은 길이 남대가란다. 길 양쪽에 늘어선 상점들이 보이니? 고려 때도 아마 비슷한 풍경이었을 거야.

위에 오른 뒤에 수도 개경에 대규모 상가를 짓고 상업을 장려했단다. 전해 오는 이야기에 따르면, 벽란도에서 개경에 이르는 길에는 즐비하게 늘어선 가게들이 어찌나 많았는지 비 오는 날 그 처마 밑을 따라 걸으면 개경에 도착할 때까지 비 한 방울 맞지 않았다는구나. 개경의 상업이 매우 발달했던 것을 말해 주는 이야기야.

개경에는 여러 곳에 시장이 있었어. 시장 중에는 '시전' 이란 것이 있었단다. 시전은 나라에서 운영하는 시장이야. 시전은 '남대가' 라는 큰길가에 있었어. 서울의 종로처럼 쭉 뻗은 큰길가에 가게들이 주욱 늘어서 있었단다. 종이를 파는 지전, 말을 파는 마전, 기름을 파는 유시, 차를 파는 다점, 만두를 파는 쌍화점 등 다양한 가게들이 있었어.

차와 만두는 매우 값비싼 것이어서 가난한 사람들은 쉽게 먹을 수 없었어. 차는 그렇다 치고 만두가 귀한 것이었다니 이상하다고? 당시에는 만두를 만드는 데 꼭 필요한 밀가루가 송나라에서 들여오는 값비싼 수입품이었단다. 그러니 만두 값이 비쌀 수밖에.

나라에서 운영하는 시전 말고도 일반 사람들이 물건을 사고파는

우리나라 최초의 화폐, 고려의 동전

우리나라 최초의 동전은 고려 때 만들어졌어. 요즘의 동전은 1원짜리부터 5백 원짜리까지 크기와 모양이 각각 다르고 가치도 다르지만, 고려 때의 동전은 크기와 모양이 거의 같고 가치도 같았단다. 즉 십 원짜리, 백 원짜리 하는 구별이 없었던 거야.

고려의 동전은 하늘을 상징하는 둥근 모양에 땅을 상징하는 네모난 구멍이 뚫려 있어. 이런 모양의 동전은 중국의 진시황 때 처음 만들어졌는데, 그 뒤로 우리나라와 일본 동전의 모델이 되었단다.

고려의 동전은 나름대로 이름을 갖고 있었어. 동국통보, 동국중보, 삼한통보, 해동통보 등등. 그런데 동전은 백성들에게 환영받지 못했어. 백성들은 동전보다 예전부터 화폐로 써 왔던 옷감, 쌀로 물건을 사고파는 데 훨씬 익숙해 있었거든. 고려 왕 숙종은 동전 사용을 장려하려고 관리들의 봉급을 동전으로 지급하기도 하고 개경 시내에 동전만 받는 음식점을 두어 보기도 했지만, 동전은 끝내 외면당하고 말았단다.

동전이 널리 사용된 것은 6백여 년 뒤인 조선 시대 후기부터였어.

동국통보(위)와 해동통보(아래)
-화폐박물관
-국립중앙박물관

시장이 따로 있었어. 도성 주변에 사는 농민들이 직접 농사지은 야채와 과일, 튼튼이 만든 짚신 같은 생활용품을 일반 시장에서 사고 팔았단다.

개경의 장사꾼은 수완 좋고 장사 잘하기로 유명했어. '개성상인'이란 말 들어봤니? 개성은 개경의 다른 이름이란다. 개경은 또 송도라고도 불렸어. 장사꾼의 원조 하면 송상, 즉 개성상인을 꼽을 정도로 개성상인은 장사에 뛰어났어. 개경에서는 상인을 '가게쟁이'라고 불렀다고 해. 이 '가게쟁이'에서 '깍쟁이'란 말이 나왔단다.

개성상인들의 장사 수완은 조선 시대까지도 유명했어. 송상이라면 모두들 알아주었단다. 송상은 앞서 가는 사람들이었어. 일찍부터 동전을 만들어 썼고, '사개송도치부법'이라고 불리는 회계 장부 정리법을 고안해 냈단다. 사개송도치부법은 '송도 부기'라고도 하는데, 오늘날 회사에서 사용하는 장부 정리법과 원리가 같았어.

?!

개경의 이모저모

남북 공동 유적 발굴 2006년부터 남북 학자들이 협력하여 개경의 궁궐 터를 발굴하고 있어. 청자를 비롯해서 귀중한 유물들이 쏟아져 나왔단다.

고려는 약 5백 년 동안 계속된 나라였어. 그 5백 년 동안 개경은 수도로서 나라의 중심 노릇을 했단다. 신라의 수도 금성은 한반도의 동남쪽에 치우쳐 있었지만, 개경은 한반도의 중간 부분에 있어.

지도를 보면, 개경을 가운데 두고 그 양쪽으로 예성강과 임진강이 흐르다가 동쪽에서 온 한강과 만나 함께 황해로 들어간단다. 그래서 개경은 교통의 중심지였어.

대동여지도 개경 부분(채색 복원)

고려 시대 개경의 인구는 얼마나 되었을까? 1232년 무렵에 10만 호가 살았다고 해. 한 호는 지금의 한 집과 같은 뜻이야. 한 집에 평균 다섯 식구가 살았다고 치면 13세기 초반 개경의 인구는 약 50만 명으로 추측할 수 있어. 같은 때 이탈리아에서 손꼽

N서울타워에서 바라본 송악산
맑은 날, 서울 남산의 N서울타워에 올라가면
개성의 송악산을 볼 수 있어.
맨 뒤쪽에 아스라이 보이는 산이 송악산이야.

히던 도시 피렌체의 인구가 약 10만 명이었다고 하니, 개경이 얼마나 큰 도시였는지 알 수 있겠지?

개경은 개성, 송도, 송악이라고도 불렸어. 모두 개경을 감싸 안고 있는 송악산에서 나온 이름이야. 날씨가 아주 맑은 날, 서울의 높은 곳에 올라가면 아스라하게 송악산이 보인단다. 그렇게 가까이 있는데도 마음대로 갈 수 없으니 안타깝기만 하구나. 통일이 되면 우리, 개경으로 고려 시대 유적 답사를 가 보자.

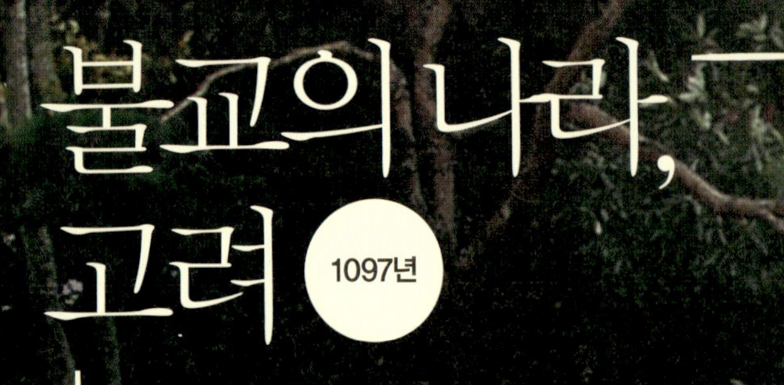

불교의 나라, 고려

1097년

고려에는 거대한 불상이 많고, 또 고려의 불상은 지방마다 나름의 특색이 있어.
신라의 불상이 서로 비슷한 모습을 하고 있는 것과는 참 대조적이야.
그리고 지방에서 만든 불상은 아무래도 왕실에서
최고급 기술자를 동원하여 만든 불상보다 솜씨가 서툴렀을 거야.
고려 때 못생긴 거대한 불상이 많이 만들어진 이유, 이제 알겠지?

900년
후삼국 시대
견훤, 완산주에 후백제 건국

936년
고려 시대
왕건, 후삼국 통일

956년
고려 시대
광종, 노비안검법 실시

1019년
고려 시대
강감찬, 귀주 대첩 승리

고려는 우리 역사를 통틀어 불교가 가장 번창한 시대였어.
고려 시대 불교는 종교로서의 역할뿐 아니라
사회와 경제 면에서도 커다란 역할을 했단다. 승려는 사회의 지배층에 속했고,
절은 경제 활동의 중심지 노릇을 했지. 삼국 시대를 이해하는 데 불교가
중요한 키워드였던 것처럼, 고려 시대 사람들의 생활을 이해하는 데에도 불교는
핵심 키워드란다. 그런데 이상하게도 고려 하면 금방 떠오르는
불상이나 절, 탑이 없구나. 신라 하면 불국사, 석굴암, 석가탑 등이
연달아 떠오르는데 말이야. 왜 그럴까?
충청남도 논산 관촉사에는 은진미륵이라는 불상이 있어. 고려 광종 때 만든
우리나라에서 가장 큰 돌 불상이란다. 은진미륵은 몸집은 거대한데 참 못생겼어.
키에 비해 머리 부분이 지나치게 커서 균형이 안 맞고,
얼굴 생김은 신라 불상의 세련되고 우아한 표정과는 거리가 멀어.
은진미륵뿐 아니라 고려의 불상은 대체로 못생겼단다.
그런데 고려의 불상이 못생긴 데는 중요한 까닭이 있어.
오늘은 고려의 못생긴 불상으로 시작해서 고려 불교의 이모저모를 알아보자꾸나.

1029년
고려 시대
개경의 나성 완성

1097년
고려 시대 대각국사 의천, 천태종 개창

1102년
고려 시대
숙종, 해동통보 만듦

고려의 불상이 못생긴 이유는 불교가 왕실 중심, 수도 중심에서 벗어나 지방으로 그 중심이 옮겨진 것과 밀접한 관련이 있단다. 삼국 시대의 불교는 왕실 중심이었지. 왕실이나 수도에 살고 있는 귀족들이 앞장서서 돈과 재물을 내어 불상을 만들었어.

그렇지만 후삼국 시대를 거쳐 고려로 들어오면서 왕실이 있는 수도가 아니라 지방에서도 불상을 많이 만들었단다. 지방의 호족을 비롯하여 다양한 사람들이 불상을 만들려고 돈과 재물을 내놓았어. 각 지방은 서로 더 큰 불상을 만들려고 경쟁을 했어. 더 큰 불상을 만드는 것이 곧 자기들의 힘을 보여 주는 일처럼 생각되었지. 그래서 고려에는 거대한 불상이 많고, 또 고려의 불상은 지방마다 나름의 특색이 있어. 신라의 불상이 서로 비슷한 모습을 하고 있는 것과는 참 대조적이야. 그리고 지방에서 만든 불상은 아무래도 왕실에서 최고급 기술자를 동원하여 만든 불상보다 솜씨

청동 빈도로 존자 상
경기도 화성에서 발견된 고려 시대 유물이야. 빈도로 존자는 부처의 제자인 16나한 중 한 사람이지. –국립전주박물관

파주 용미리 석불
커다란 바위 벽에 새긴 불상을 마애불이라고 해. 경기도 파주에 있는 이 마애불은 고려가 낳은 거대한 불상 문화의 하나란다.

은진미륵
충청남도 논산시 은진면 관촉사에 있는 은진미륵이야. 정식 이름은 관촉사 석조 미륵 보살 입상. 높이는 18미터, 요즘의 6층 건물과 맞먹는 높이란다. 고려 광종 때인 968년 무렵에 만들었어.

가 서툴렀을 거야. 고려 때 못생긴 거대한 불상이 많이 만들어진 이유, 이제 알겠지?

승려는 아무나 될 수 있었나?

고려의 내로라하는 집안에서는 아들이 여럿이면 그중 한 명을 승려가 되게 하는 것이 보통이었어. 대표적

인 문벌 귀족인 이자겸의 아들 중 한 사람도 승려가 되었고, 《삼국사기》를 편찬한 유학자 김부식의 5형제 가운데 한 사람도 승려가 되었어. 왕자로서 승려가 된 사람도 여럿 있단다. 유명한 대각국사 의천은 11대 왕 문종의 넷째 아들이야.

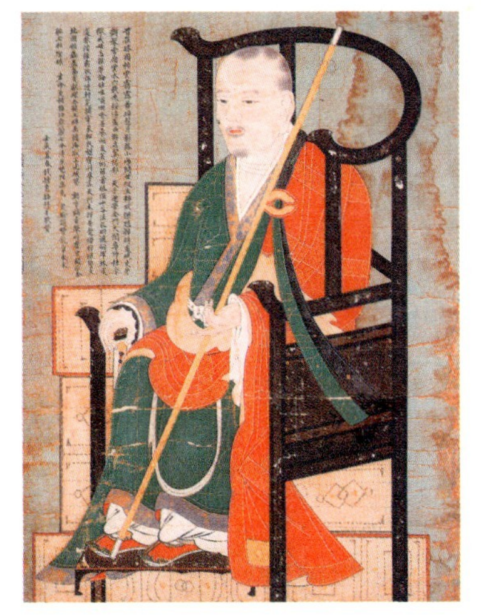

대각국사 의천 영정
의천의 본명은 왕후란다. 왕자로서 승려가 된 사람이지. 의천은 중국 송나라에서 유학하고 돌아와 천태종을 처음 개창했어.

그럼 원하는 사람은 누구나 승려가 될 수 있었냐고? 그렇지 않아. 승려가 될 수 있는 신분과 그렇지 않은 신분이 있었어. 노비와 같은 천인은 승려가 될 수 없었어. 또, 승려의 숫자가 너무 많아지지 않도록 아들이 셋이면 그중 한 사람만 승려가 될 수 있게 나라에서 정하기도 했어.

승려는 승려가 보는 과거 시험인 승과를 봐서 합격하면 문무 관리처럼 품계를 받았어. 승과 합격자에게는 대선이라는 품계가 주어졌단다. 그리고 관리와 마찬가지로 한 단계씩 승진을 했어. 대덕, 대사, 중대사, 삼중대사…… 이런 식으로 말야. 그리고 관리들처럼 나라에서 주는 녹봉도 받았지. 승진을 거듭하여 맨 꼭대기에 이르면 '왕사'나 '국사'가 되었어. 왕사는 왕의 스승, 국사는 나라의 스승이란 뜻인데, 승려로서는 가장 영예로운 직책이야. 《삼국유사》를 쓴 일연은 승과에 합격하여 국사까지 오른 인물이지.

* 王 임금 왕
師 스승 사

* 國 나라 국
師 스승 사

고려의 승려는 관리와 마찬가지로 나라의 지배층에 속한 사람들이었단다. 다시 말해 문신과 무신, 그리고 승려가 바로 고려 사회의 지배층이었던 거야.

절의 영역을 나타내는 표지판, 장생표

개성 현화사 7층 석탑
현화사는 고려 8대 왕 현종이 세운 원찰이야. 원찰이란 왕이나 귀족이 자기 부모의 명복을 빌거나 가문의 번영을 기원하기 위해 많은 재물과 땅을 기부하여 세운 절을 말해. 7층 석탑과 함께 있던 현화사 석등은 1911년 서울로 옮겨져 현재 국립 중앙 박물관에 있단다.

요즘 절은 대개 경치 좋고 조용한 산중에 있어. 서울 같은 대도시 한복판에 자리 잡고 있는 절은 많지 않단다. 그러나 고려의 수도 개경에는 크고 작은 절이 5백여 개나 있었어. 고려를 대표하는 중요한 절은 거의 다 개경에 있었다고 해도 지나치지 않을 정도야. 그중 보제사라는 절은 건물이 자그마치 1천 채나 되었어. 그리고 절 안에는 높이가 60미터가 넘는 5층탑이 우뚝 서 있었지.

보제사 말고도 개경에는 큰길을 따라 봉은사, 흥국사, 연복사 등 큰 절이 줄지어 있었어. 이런 큰 절에는 머무는 승려가 상당히 많고, 드나드는 사람도 많았어. 또, 절의 살림살이를 맡아 하는 노비도 많았단다.

이런 큰 절은 어떻게 살림을 꾸려 나갔을까? 신도들의 시주만으로는 부족했을 거야. 고려의 큰 절들은 넓은 땅을 가진 지주였어. 그 땅에서 농사를 지어 수확물을 거두거나 농민들에게 땅을 빌려 주어 농사를 짓게 한 다음 소작료를 받았단다.

또, 농민에게 소를 빌려 주기도 했지. 당시에 소는 매우 귀한 가축이라 농민들은 키울 엄두를 내지 못했어. 현화사, 왕륜사, 석방사 같은 큰 절은 소를 갖고 있으면서 농민들에게 빌려 주곤 했단다.

경상남도 양산에 통도사라는 이름난 절이 있어. 고려 때 통도사는 석가모니의 진신 사리를 모신 절로 유명했을 뿐만 아니라 갖고 있는 땅이 많기로도 유명한 절이었단다.

지금도 통도사에 가면 절 어귀에 높이가 166센티미터쯤 되는 비석이 서 있어. 이 비석을 '장생표'라고 해. 장생표는 절의 영역을 나타내는 표지판이란다. 즉, 장생표가 서 있는 주변은 모두 통도사 소유의 땅임을 알리는 표시였던 거야. 통도사 부근에는 장생표가 열두 개 서 있었다고 해. 그러니 통도사가 소유한 땅이 얼마나 넓었는지 상상할 수 있겠지?

통도사 장생표
통도사의 영역을 표시하는 비석이야. 1085년 고려 13대 왕 선종 때 세웠어. 통도사 주변에 12개의 장생표가 있으며 장생표 안쪽의 땅은 모두 통도사의 것임을 나라에서 인정한다는 내용이 적혀 있단다.

땅뿐 아니라 그 안에 살고 있는 농민들도 통도사의 지배를 받았단다. 농민들은 통도사 소유의 땅을 빌려 농사를 짓고 소작료를 바쳤어. 이쯤 되면 통도사가 거둬들인 소작료는 절의 살림을 꾸리거나 온갖 행사를 치르고도 남았을 거야.

경제의 중심지, 절

절은 상업의 중심지이기도 했어. 승려들이 도를 닦는 절이 상업의 중심지라니, 이해가 잘 안 된다고?

절에서는 불교 행사에 필요한 물건과 승려의 일상생활에 필요한 물건을 사들이고, 또 절에서 만든 물건을 내다 팔았단다. 또 소작료로 받은 곡식 중에서 먹고 남은 것을 내다 팔기도 했어. 심지어

연등회와 팔관회

연등회와 팔관회는 고려인들이 손꼽아 기다리는 명절이요, 축제였어. 연등회는 매년 음력 정월 대보름, 팔관회는 매년 음력 11월 5일에 열렸단다.

연등회는 원래 석가모니의 열반을 기념하는 의식이었는데, 고려 때는 농업과 관련지어 만물이 소생하는 것을 기념하는 의식으로 변했어. 오늘날에는 석가모니 탄생일인 음력 4월 8일에 연등회가 열리고 있지.

팔관회는 부처와 하늘 신, 산신, 강신, 바다의 용신 등 전통 신앙을 한자리에 모아 놓은 축제였어. 태조 왕건은 팔관회를 '부처를 받들고 신령을 즐겁게 하는 모임'이라고 했단다.

팔관회 때는 송, 거란, 여진을 비롯한 여러 나라 상인들도 와서 축하를 했어.

포구락 포구락은 고려의 팔관회에서 추던 춤이야. 중국 송나라에서 들어와 1073년 고려 문종 때의 팔관회에서 처음 공연되었어. 가운데 세워 둔 문 위쪽에 구멍이 보이지? 다 같이 춤을 추다가, 공을 던져서 구멍으로 통과시킨 사람에게는 상으로 꽃을 주고 그렇지 못한 사람에게는 벌로 얼굴에 먹점을 찍어 준단다. 그림은 조선 시대 궁중 잔치에서 포구락을 추는 장면이야.

혜음원 터
원은 절에서 운영하는 숙박 시설이야. 혜음원은 지금의 경기도 파주 용미리와 고양시 고양동 사이의 혜음령 고개에 있었어. 울창한 숲 그늘에 흘린 땀을 식힐 수 있어서 '그늘의 은혜를 입는다'는 뜻으로 혜음령이라 했단다. 개경에서 남경(지금의 서울)으로 가려면 꼭 거쳐야 했던 혜음령은 호랑이와 산적이 자주 나타나기로 소문나 있었어. 남경을 중요하게 여긴 왕 예종은 이곳에 원을 설치하여 여행자들에게 안전한 잠자리와 먹을 것을 제공하게 했어. 그리고 왕이 남경 행차를 할 때면 혜음원에서 머무르곤 했단다.

는 남은 곡식으로 술을 빚어 팔기도 했단다. 경기도 양주의 승려들은 약 360석의 쌀로 술을 빚었다고 해. 그 밖에 소금이나 기름, 벌꿀을 만들어 팔기도 하고, 파와 마늘을 길러 팔았다고도 해. 원래 파와 마늘은 승려가 가까이해서는 안 되는 것이었는데, 고려의 승려들은 별로 거리끼지 않았나 봐.

절은 장터 못지않게 사람들이 많이 모이는 곳이었어. 행사가 있는 날이면 수많은 사람들이 모여들었지. 거기서 자연스럽게 많은 물건들이 사고팔렸단다.

절은 요즘의 은행이나 신용 금고처럼 쌀이나 베를 농민들에게

꾸어 주고, 이자를 붙여 받는 일도 했단다. 이자율은 일 년에 원금의 3분의 1, 그러니까 쌀 15말을 꾸었으면 이자는 5말, 베 15필을 꾸었으면 이자는 5필로 정해져 있었어. 하지만 이자를 턱없이 올려 받는 경우가 많았어. 꾼 것을 갚지 못한 농민 중에는 몰래 도망쳐서 고향을 떠나거나 노비가 되기도 했단다.

절은 여행자를 위한 숙박 시설도 운영했어. 이런 숙박 시설을 '원'이라고 해. 원은 으슥한 산길이나 마을에서 외떨어진 여행길에 자리 잡고 있으면서 여행자에게 잠자리와 식사를 제공했지. 여러 사람들이 오가는 원은 자연스레 물건과 정보를 나누는 곳이 되었어.

수월관음도
고려 시대의 불교는 거칠고 못생긴 불상을 낳았는가 하면, 다른 한편으로는 수월관음도처럼 화려하고 섬세한 불화도 탄생시켰어. 관음보살을 그린 수월관음도는 정말 아름다워. 사진의 수월관음도는 지금 일본에 있단다.

*院 집 원, 절 원

이렇게 고려의 절은 상당한 재력을 가진 부자였기 때문에 고려의 경제 생활에 큰 영향을 미쳤어. 고려의 경제를 이해하려면 절의 경제를 모르고선 안 된단다.

?!

마을을 지켜주는 수호신, 성황신

성황당과 서낭당
고려에는 마을마다 성황신을 모신 성황당이 있었어. '성'이란 돌이나 흙으로 둘러쌓은 것을 말하고, '황'은 성 앞에 깊은 고랑을 파고 물을 채워 넣은 것을 말해. 그러니까 '성황'은 방어 시설을 뜻한단다. 한 마을을 지켜 주는 수호신을 성황신이라고 하는 이유를 알겠지? 우리가 알고 있는 서낭당은 성황당에서 나온 말이라고 생각돼. 사진은 1901년에 찍은 서낭당이야. 가족의 초상화를 모셔놓고 기원을 드렸어.

사람들은 흔히 고려의 국교는 불교, 조선의 국교는 유교라고들 말해. 하지만 알고 보면 고려에서는 불교뿐 아니라 도교, 유교, 무속 신앙 등 다양한 종교와 사상이 널리 믿어졌어. 성황신을 믿는 '성황 신앙' 도 그중 하나란다.

성황신은 마을을 지켜 주는 수호신이야. 고려에는 마을마다 수호신을 모셔 놓은 성황 신사, 또는 성황당이 있었어. 성황신은 나라에서 공식적으로 인정한 신으로, 나라에 큰 경사가 있거나 전쟁이 있을 때면 성황신에게 제사를 드리곤 했어. 또, 관리가 어느 고을에 새로 부임하면 그곳의 성황신을 찾아 인사를 드려야 했어. 성황신을 소홀히 하면 벌을 받았단다.

등주(지금의 함경남도 안변)에 부임한 함유일이라는 관리는 그곳 성황신에게 제사를 드리면서 절을 하지 않고 고개만 '까딱' 했다는 이유로 파면을 당했어. 또, 유학자 김부식은 묘청의 서경 천도 운동을 진압하러 떠나면서 각 지방의 성황 신사에 제사를 드렸단다.

이런 이야기들은 고려 사회에서 성황 신앙이 매우 존중되었다는 것을 말해 준단다.

고려에서는 다양한 신앙들이 인정되고 존중되었어. 하지만 조선은 달랐어. 유교 이외의 것은 나라의 공식적인 인정을 받지 못했지. 공식적인 인정을 받지 못한 신앙들은 민간에서 꾸준히 이어졌단다.

고려 사람들은 어떻게 살았을까?

1102년

고려 때에는 결혼하면 남편이 아내 집으로 가서
아내의 식구들과 함께 살면서 자식을 낳고 키워
웬만큼 자란 뒤에야 남편 집으로 갔어.
이런 풍습은 삼국 시대에도 있던 것을 기억하지?
시집살이와는 정반대야.
고려의 유학자 이규보가 쓴 《동국이상국집》의 한 대목을 볼까?
"지금은 부인을 얻으면 남자가 여자 집으로 가서
필요한 것을 모두 처갓집에 의지하니,
장인 장모의 은혜가 부모와 같다."

900년
후삼국 시대
견훤, 완산주에 후백제 건국

936년
고려 시대
왕건, 후삼국 통일

956년
고려 시대
광종, 노비안검법 실시

1019년
고려 시대
강감찬, 귀주 대첩 승리

"어유, 옛날에 태어나지 않은 게 정말 다행이야.
옛날엔 여자들을 왜 그렇게 차별했어?"

텔레비전 드라마를 보던 세운이가 불쑥 이렇게 말했어.
"옛날이라고 다 그랬던 건 아니야.
여자를 차별한 건 우리 역사 전체로 보면 비교적 짧은 기간의 일이란다."
오늘 엄마는 고려 시대 사람들이 어떻게 여성을
대우했는지 얘기하려고 해.
얘기를 시작하기 전에, 아주 흥미로운 재판을 소개하마.
'손변의 재판'이라고 불리는 이 재판 이야기는 고려 말의 유학자 이제현이 쓴
《역옹패설》이란 책에 실려 있어. 이제현은 고려가 자랑하는 뛰어난 학자였는데,
그는 '손변의 재판'을 당대의 명재판이라고 칭찬해 마지않았단다.
손변의 재판은 고려 시대 여성들의 생활에 대해 많은 것을 알려 주고 있어.
세운이가 상상하던 것과 얼마나 다른지,
또 21세기인 지금과는 어떻게 다른지 비교해 보렴.

1029년
고려 시대
개경의 나성 완성

1097년
고려 시대
대각국사 의천, 천태종 개창

1102년
고려 시대 숙종, 해동통보 만듦

고려 23대 왕인 고종 때의 일이야. 경상도 안찰부사로 있는 손변에게 소송이 하나 들어왔어. 남동생이 누나를 상대로 낸 소송이었어.

"친남매 사이에 소송이라니."

괴이한 일이라고 생각한 손변은 두 사람을 불러 사정을 물었단다.

고려 제일의 명재판, 손변의 재판

몇 년 전, 남매의 아버지가 세상을 떠나면서 전 재산을 몽땅 누나에게 물려준다는 유서를 남겼단다. 남동생한테는 검정 옷 한 벌, 모자 하나, 신발 한 켤레, 종이 한 장만 남겨 주고 말야. 그래서 남동생이 유서의 내용이 부당하다고 소송을 낸 거야. 남동생은 손변에게 하소연했어.

"딸과 아들이 다 똑같은 자식인데 어째서 누님만 혼자서 부모님의 재산을 차지하고 제겐 나누어 주지 않는다는 말입니까?"

그러자 누나가 말했어.

"아버지가 돌아가실 때, 재산을 모두 내게 주셨다. 직접 쓰신 유서가 있지 않느냐?"

손변은 조용히 물었어.

"너희 아버지가 죽을 때 어머니는 어디 있었느냐?"

"먼저 돌아가셨습니다."

"그때 너희 나이는 각각 몇 살이었느냐?"

"누님은 결혼을 했고, 저는 일곱 살인가 여덟 살이었습니다."

이야기를 다 들은 손변은 엄숙하게 말했어.

"부모의 마음은 아들에게나 딸에게나 똑같은 것이다. 어찌 다 자라 결혼한 딸에게는 후하고, 어미도 없는 어린 아들에게만 박하겠느냐? 내가 보기에 너희 아버지의 뜻은 아들이 의지할 곳은 오직 누나뿐이라, 만약 유산을 누나와 똑같이 나눠 준다면 혹시 누나가 동생을 사랑하지 않고 온전히 기르지 않을까 염려한 것 같다. 너희 아버지는 아들이 자라서 어른이 되면, 물려받은 종이에 소장을 써서 검정 옷을 입고 모자를 쓰고 신발을 신고 관가에 가 호소하면 장차 이 일을 판단해 줄 사람이 있을 거라 생각한 것이다. 아버지가 아들에게 그 네 가지 물건만 남겨 준 뜻은 바로 그 때문이 아니겠느냐."

손변의 말을 들은 남매는 마주 보고 울음을 터뜨렸단다. 손변은

손변의 재판
고려 시대 명재판으로 꼽히는 이 재판은 고려의 가족 제도, 상속 제도, 사회와 가정에서 여성이 차지하는 위치와 권리 등을 알려 주고 있어. 이 재판을 보면, 고려 시대에는 여성이 남성에 비해 크게 차별받지 않았다는 것을 알 수가 있지.

남매에게 재산을 사이 좋게 절반씩 나눠 주었어.

그런데 재판 내용을 꼼꼼히 들은 세운이는 고개를 갸우뚱할 것 같구나.

"이거 혹시 아들하고 딸이 뒤바뀐 것 아냐? 옛날에는 아들은 귀하게 여기고 딸은 천하게 여겨서 딸에게는 재산을 물려주기는커녕 결혼만 하면 출가외인이라 하여 친정 문턱에도 드나들지 못하게 했다던데?"

당장 이렇게 질문하겠지. 맞아, 옛날에 분명히 그런 시절이 있었어. 그런데 그 시절은 고려 때가 아니고, 삼국 시대는 더더욱 아니고, 지금으로부터 약 300년 전인 17, 18세기인 조선 시대 후기부터란다. 그럼 그 전에는 어땠을까? 손변의 재판에서 그 해답을 찾을 수가 있어.

아들딸 차별 없이 똑같이 재산을 물려주다

고려 시대에는 자식에게 재산을 상속할 때, 아들딸 가리지 않고, 장남과 차남의 차별 없이, 결혼을 했든 안 했든 상관하지 않고 똑같이 고르게 나눠 주었어. 이것을 '균분 상속'이라고 한단다.

*均 고를 균
分 나눌 분

손변의 재판에 나오는 남매의 아버지처럼 유언을 남겼을 경우에는 그 유언에 따르지만, 유언이 없을 경우에는 균분 상속을 했어. 균분 상속을 어기고 불공평하게 재산을 나눠 준 사람은 불공평한 정도에 따라 벌을 받게 되어 있었단다.

만약 결혼한 딸이 부모로부터 재산을 물려받았다고 하자. 그럼 그 재산은 남편이나 시집의 재산에 보태지는 것이 아니라, 별도의 자기 소유가 되었어. 고

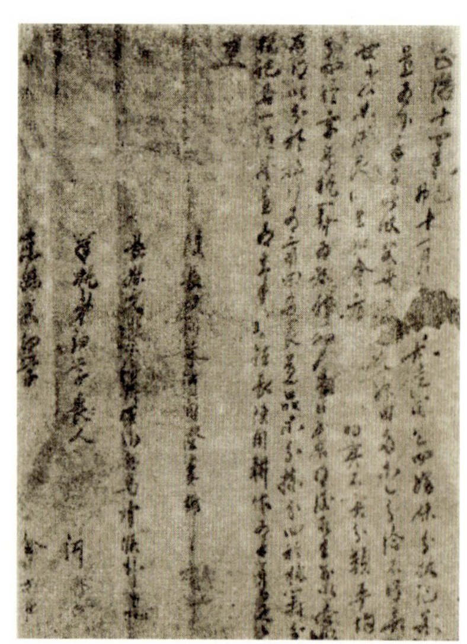

제비뽑기로 하는 균분 상속
균분 상속의 방법은 놀랍게도 제비뽑기였어. 사진은 경북 안동의 유학자 하자징의 네 남매가 어머니의 유산을 균분하는 내용을 담은 문서야. 노비의 나이와 건강에 따라, 또 논밭의 좋고 나쁨에 따라 노비와 논밭을 고르게 네 몫으로 나눈 다음, 산가지에 표시를 해 놓고 네 남매가 제비뽑기를 했어. 제비뽑기를 했으니 누구도 불만을 갖지 않았겠지? 이렇게 제비를 뽑는 것을 '집주'라고 했단다. '산가지를 잡는다'는 뜻이지. 제비뽑기로 하는 균분 상속은 조선 전기까지 이루어지다가 그 뒤 차츰 사라졌어.

려 시대에는 여자도 자기 소유의 재산을 가질 수 있었던 거야. 만약 그 재산을 물려줄 자식이 없을 때는 부부가 모두 사망한 뒤에 각각 본가로 각자의 재산을 돌려보냈단다.

손변의 재판에 나오는 남매의 아버지는 결혼한 딸과 어린 아들을 두고 세상을 떠나면서 딸에게 전 재산을 준다는 유서를 남겼어. 만약 아버지가 유서를 남기지 않았다면, 당시의 법과 관습대로 재산은 남매에게 똑같이 절반씩 나누어졌을 거야. 그랬다면 아들은 아직 나이가 어린 탓에 자기 몫의 재산을 제대로 관리하지 못했을지도 몰라. 또 누나는 아버지 걱정대로 남동생에게 별 신경을 쓰지 않았을지 모르고.

이제현 영정

이제현은 고려 말의 유학자로 최고 벼슬인 문하시중을 지냈단다. 호는 익재. 그가 쓴 《역옹패설》에는 재미있는 이야기가 퍽 많아. 당대의 인물과 그에 얽힌 일화, 역사와 시에 대한 평가 들이 담겨 있어.

–국립중앙박물관

어찌 되었든 누나가 전 재산을 가진 것은 흠잡을 데 없는 일이었어. 손변은 누나가 이겼다고 판결을 내리면 그만이었지. 그런데도 손변은 애써 누나를 설득하여 동생과 재산을 절반씩 나누게 했어. 이제현이 명재판이라고 칭찬한 이유가 바로 여기에 있단다. 아들딸 차별 없이 절반씩 나누어 갖는 고려의 상식과 관습을 존중한 훌륭한 재판이었다고 칭찬한 거야.

고려 시대에는 재산 상속뿐만 아니라 제사를 모시는 데도 아들딸 차별이 없었어. 요즘처럼 장남만 제사를 모시는 것이 아니라, 형제간에 돌아가면서 모시기도 하고 아들이 없으면 딸이 모시기도 했어. 제사 모실 아들이 없다는 이유로 양자를 들이는 일은 거의 없었단다.

통도사 부도
부도는 스님의 사리를 묻은 묘탑을 말해. 절의 뒤쪽이나 옆쪽 같은 일정한 구역에 세운단다.

수정으로 만든 사리병

아참, 제사 하면 으레 떠올리는 유교식 제사와는 다르게 고려 때는 불교식으로 제사 지내는 것이 보통이었단다. 고려는 불교를 숭상한 나라였기 때문에 불교문화의 영향이 매우 컸어. 그래서 사람이 죽으면 화장을 하고, 상례와 제사도 절에서 스님의 주관 아래 불교식으로 지냈단다.

수종사 사리구
시신을 화장하여 나온 사리를 수정으로 만든 사리병에 담아 육각형의 사리기에 넣고, 다시 청자 항아리에 넣는단다. 고려 후기에 만든 거야. 왼쪽의 금으로 만든 탑은 장식용이야.
–불교중앙박물관

시집살이 아닌 처가살이

재산 상속과 제사 모시기에 아들딸 차별을 두지 않은 고려 사회의 풍습은 당시의 결혼 풍습을 알지 못하면 이해하기가 어려워. 《태종실록》에는 이렇게 쓰여 있단다.

"고려의 풍속은 결혼하면 남자가 여자 집으로 가 거기서 자식과 손자를 낳아 키웠다."

고려 때에는 결혼하면 남편이 아내 집으로 가서 아내의 식구들과 함께 살면서 자식을 낳고 키워 웬만큼 자란 뒤에야 남편 집으로 갔어. 이런 풍습은 삼국 시대에도 있던 것을 기억하지? 시집살이와는 정반대야. 고려의 유학자 이규보가 쓴 《동국이상국집》의 한 대목을 볼까?

"지금은 부인을 얻으면 남자가 여자 집으로 가서 필요한 것을 모두 처갓집에 의지하니, 장인 장모의 은혜가 부모와 같다."

자, 이러니 고려 때는 '출가외인' 이란 말이 애당초 설 자리가 없었어. 딸을 키워 결혼시키면 '남의 식구' 가 되기는커녕 든든한 사위를 데려와 '자기 식구' 로 만들었으니 말이야. 아들을 꼭 낳아야 한다는 생각도, 딸보다 아들이 더 귀하다는 생각도 없었단다.

외손녀, 외손자와 외할머니, 외할아버지의 사이는 어땠을까? 외갓집에서 태어나 거기서 자라게 되니 외손녀, 외손자와 외할머니,

거울

귀이개 겸 뒤꽂이

동곳

고려 시대 생활용품이야. 귀이개 겸 뒤꽂이는 귀이개로 쓰다가 머리에 꽂으면 예쁜 머리장식이 되지. 동곳은 남자들이 상투가 풀어지지 않도록 고정시키기 위해 꽂는 것이란다.
–국립중앙박물관

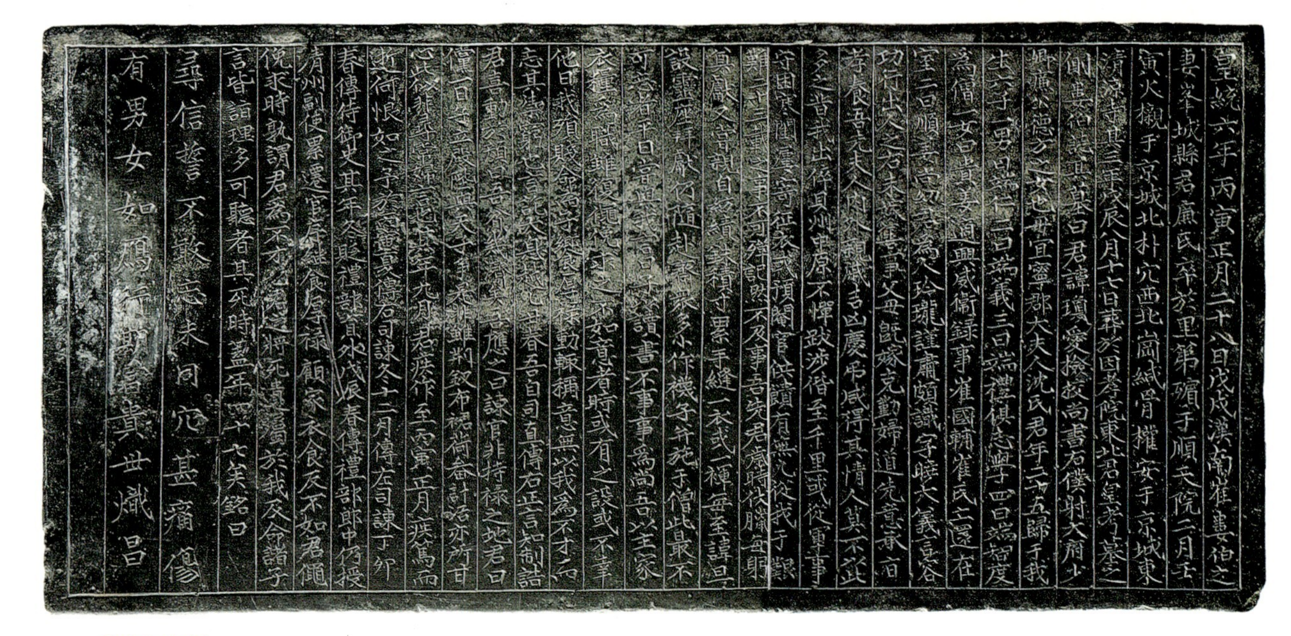

염경애 묘지명

고려의 관리 최루백이 죽은 아내를 위해 1148년 지은 묘지명이야. 원래 묘지명은 다른 사람에게 부탁하는 것이 보통이지만 최루백은 아내를 생각하며 직접 지었어. 만약 다른 사람이 지었으면 최루백의 처 '염씨'라고만 했을 텐데, 최루백은 아내의 이름 '경애'를 밝혀 놓았어. 그리고 시 한 수로 묘지명을 끝맺었단다. "믿음으로써 맹세하노니 그대를 감히 잊지 못하노라." –국립중앙박물관

외할아버지의 사이는 아주 가까웠단다. 유명한 관리들이 남긴 글이나 묘비에 쓰인 글을 보면 외가에서 자라 외할아버지나 외삼촌의 은혜를 크게 입었다는 내용이 아주 많아.

왕자도 경우에 따라서는 궁궐 아닌 외갓집에서 자랐어. 고려 17대 왕 인종은 어렸을 때 외갓집인 인주 이씨(경원 이씨) 집안에서 자랐단다.

딸이 맨 먼저 태어났으면 '몇녀 몇남'

고려 시대에도 호적과 족보가 있었어. 조선 시대와는 다르게 고려 시대에는 여자도 호주가 될 수 있었단다. 호적이나 족보에 기록할 때는 아들 먼저, 딸을 나중에 기록하지 않고 아들딸 가림 없이 태어난 순서대로 기록했어. 친손자

와 외손자도 차별하지 않고 모두 기록했단 다. 자녀 수를 말할 때는 무조건 '몇남 몇녀'라고 하지 않고, 딸이 맨 먼저 태어났으면 '몇녀 몇남'이라고 말했단다.

그런데 조선 시대 후기가 되면 호적과 족보에서 무조건 아들 먼저, 딸을 나중

박익 묘 벽화의 여인들
죽은 이를 위해 제사를 드리러 가는 것일까? 고려 말의 관리 박익의 무덤에서 발견된 이 벽화는 고려 시대 여인들의 모습을 생생하게 알려주고 있어. 2000년 태풍으로 무너진 무덤을 고치다가 발견했단다. 경상남도 밀양시 청도에 있어.

성씨와 본관은 언제부터?

'경주 김씨' 하면 경주는 본관이고, 김씨는 성씨란다. 지금 우리나라 사람들은 누구나 태어나면서부터 성씨와 본관을 갖게 돼. 그러나 고려 시대 이전에는 왕이나 몇몇 대귀족만 성씨와 본관을 갖고 있을 뿐, 대개의 사람들은 이름만 있었단다. 호족 집안에서 태어난 왕건도 처음에는 성씨 없이 왕건 자체가 이름이었어. 나중에 이름 앞자리의 '왕' 자를 성씨로 삼은 거야.

성씨와 본관이 널리 사용된 것은 고려 때부터야. 고려 초에 지방 호족들에게 각자의 근거지를 본관으로 삼게 하고 성씨를 내려 주면서 생겨났어. 본관이 어딘가에 따라 내야 하는 세금이 달라지고, 관직에 나갈 수 있는지가 결정되었어. 고려 사람들은 어느 지역에 사느냐에 따라 사회적 지위가 달랐던 거야. 천인인 노비는 고려 시대는 물론 조선 시대에도 이름만 있었어. 그럼 지금처럼 누구나 성씨와 본관을 갖게 된 것은 언제부터일까? 1900년대에 새로운 호적 제도가 실시되면서부터란다.

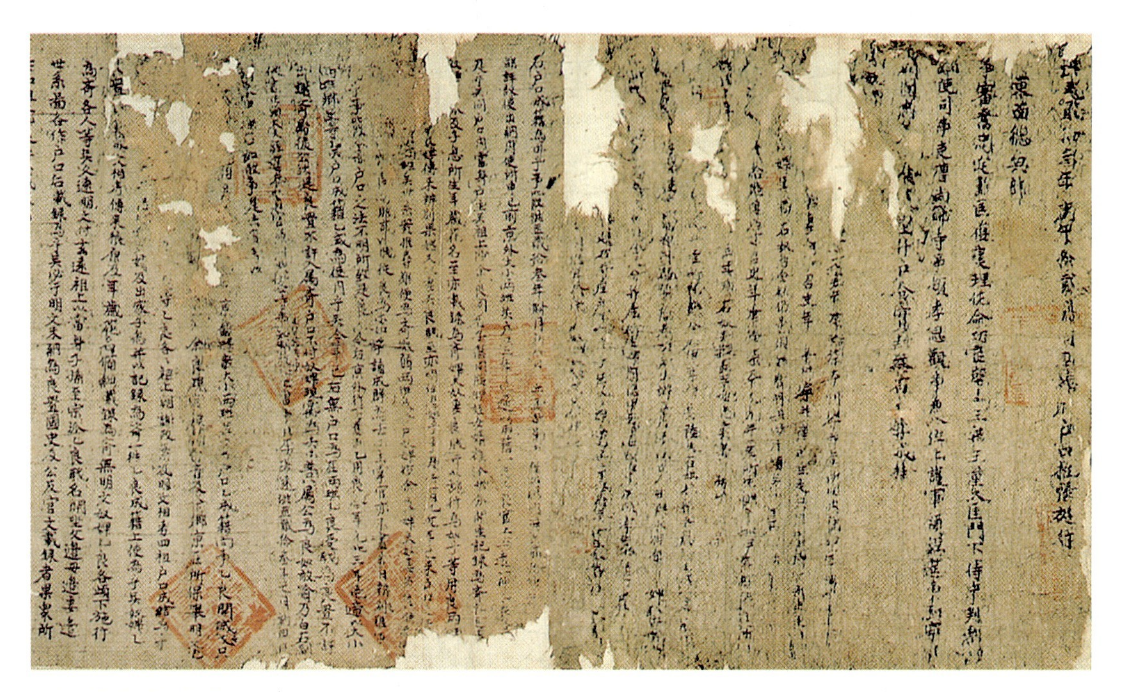

고려 시대에 만들어진 호적

1390년 고려 공양왕 2년에 만든 이성계의 호적이야. 이성계가 조선을 세우고 왕이 되기 2년 전에 만들었어. 이성계가 호주로 되어 있고, 호주의 관직과 녹봉, 자손, 형제, 조카, 노비들까지 기록되어 있어. 고려 때는 3년마다 한 번씩 호적을 만들었는데, 두 벌을 만들어서 한 벌은 관청에 제출하고 한 벌은 자기가 보관했단다.

–국립중앙박물관

에 기록하는 것으로 바뀌게 돼. 왜 그런 변화가 일어났을까? 좀 더 자세히 얘기할 기회가 있겠지만, 간단히 말하면 고려는 아버지 쪽 친척뿐 아니라 어머니 쪽 친척도 동등하게 중시하는 사회였는데, 조선 시대에 들어 아버지 쪽만 중시하는 사회로 바뀌었기 때문이야.

요즘은 어떻지? 불과 20여 년 전까지도 조선 시대의 영향이 아직 남아서 아버지 쪽을 훨씬 중시했단다. 그 예로, 법에서도 아버지 쪽은 8촌까지 친척으로 인정했지만, 어머니 쪽은 4촌까지밖에 친척으로 인정하지 않았어. 그러다가 1990년에 법이 바뀌면서 비로소 아버지 쪽과 어머니 쪽 모두 동등하게 8촌까지 친척으로 인정하게 되었단다.

법이 바뀌었다는 것은 사람들의 생활과 관습이 이미 상당히 바뀌었다는 뜻이야. 그래도 여전히 아버지 쪽 친척을 훨씬 중요하게 여기고 그것만을 중심으로 살아가려는 사람들이 있지. 그런가 하면 부모 양쪽을 모두 중요하게 여기는 뜻에서 아버지 성씨와 어머니 성씨를 같이 쓰는 사람도 늘어나고 있단다.

?!

고려장은 고려의 풍습인가?

부모가 늙으면 깊은 산속에 버리는 풍습을 '고려장'이라고 해. 지금도 시골 마을에 가면 고려장을 했던 곳이라는 장소가 전해 오고, 가끔씩 신문에 '현대판 고려장'이란 기사가 실리기도 하지. 늙은 부모를 돌보지 않는 불효를 꼬집는 말로 '고려장'이 사용되고 있어. 그런데 정말 고려 시대에는 늙은 부모를 내다 버렸던 걸까?

고려장 이야기는 우리나라뿐 아니라 중국, 일본에도 널리 퍼져 있어. 유럽과 중동 지방에도 이와 비슷한 이야기가 있다고 해. 그러니까 고려장은 우리만의 고유한 풍습이라고 할 수 없단다. 게다가 고려 시대의 장례 풍습은 더더욱 아니었어. 고려 때 고려장이 행해졌다는 것을 알려 주는 자료나 유물, 유적은 현재까지 발견되지 않았어. 시골 마을에서 고려장을 했던 곳이라고 전해 오는 장소는 실은 고려장과 아무 상관없는 곳이란다.

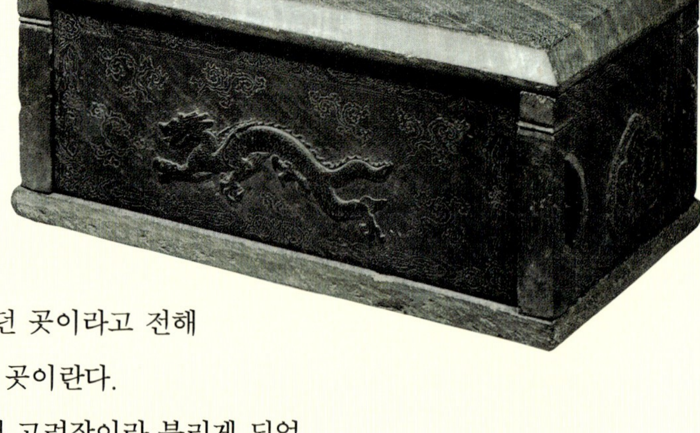

유골을 담는 돌 관
화장해서 그 유골을 담았단다. 가로 약 84센티미터, 세로 약 44센티미터, 높이 약 40센티미터의 자그마한 돌 관이야. 4면에 청룡, 백호, 주작, 현무의 사신을 새겨놓았어. –국립중앙박물관

고려 시대의 장례 풍습이 아닌데도 어째서 고려장이라 불리게 되었을까? 불교 경전인 《잡보장경》 '기로국' 조에 고려장 이야기가 실려 있어. 기로국은 한자로 '노인을 버리는 나라'라는 뜻이야. 이 기로국 이야기가 널리 퍼지면서 '기로국'이 '고려국'으로, 또 '기로의 장

례' 라는 뜻인 '기로장' 이 '고려장' 으로 변해 굳어진 것이 아닐까 해. 즉 고려장은 고려와는 아무 상관이 없는 것이란다.

이색의 묘
고려의 왕이나 귀족들은 대개 화장을 하지 않고 무덤을 만들어 묻었어. 사진은 고려 말의 학자이자 관리였던 목은 이색의 무덤이야. 충청남도 서천에 있지.

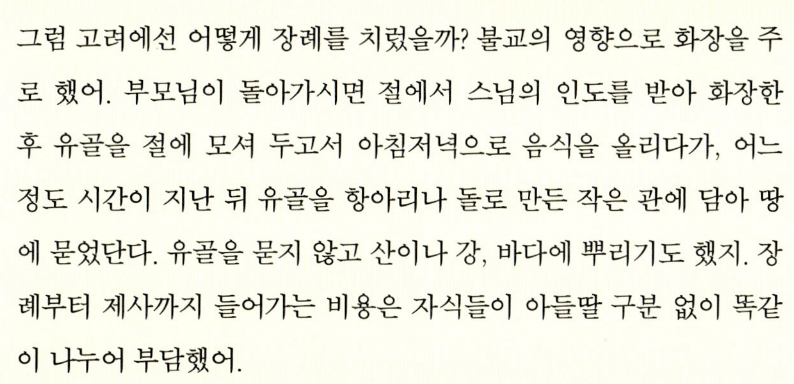

그럼 고려에선 어떻게 장례를 치렀을까? 불교의 영향으로 화장을 주로 했어. 부모님이 돌아가시면 절에서 스님의 인도를 받아 화장한 후 유골을 절에 모셔 두고서 아침저녁으로 음식을 올리다가, 어느 정도 시간이 지난 뒤 유골을 항아리나 돌로 만든 작은 관에 담아 땅에 묻었단다. 유골을 묻지 않고 산이나 강, 바다에 뿌리기도 했지. 장례부터 제사까지 들어가는 비용은 자식들이 아들딸 구분 없이 똑같이 나누어 부담했어.

화장하지 않고 무덤을 만들어 묻는 매장도 했어. 특히 왕들은 주로 매장을 했단다. 관리의 무덤은 생전의 관직에 따라 무덤의 크기와 높이가 각각 정해져 있었기 때문에 함부로 크게 만들 수 없었어.

관이나 무덤을 만들 수 없는 가난한 사람들은 구덩이를 파고 묻거나 그냥 풀 따위로 덮어 주는 것으로 그치기도 했어. 이런 것을 '풍장' 이라고 해.

그러니까 고려의 장례는 '절' 에서, 조선의 장례는 '사당' 에서 치렀다고 할 수 있어. 오늘날의 장례는 어디서 하지? 뭐, 병원 영안실이라고?

무신들의 세상

1170년

당시 농민들은 문벌 귀족의 횡포 아래서 힘든 생활을 하고 있었어.
문벌 귀족은 수단과 방법을 가리지 않고 땅을 넓혀 부자가 되었고,
농민들은 문벌 귀족의 등쌀에 농사짓던 땅마저 빼앗겨
오갈 데 없는 처지였거든.
그래서 농민들은 무신들에게 기대를 걸고서 반란을 지지했단다.
하지만 정권을 잡은 무신들은 그 기대를 저버렸어.

1198년
고려 시대
노비 만적, 개경에서 봉기

1232년
고려 시대
강화도로 수도를 옮김

1170년
고려 시대 무신 정변 일어남

"강감찬 장군은 무신일까, 문신일까?"

엄마의 질문에 세운이는 자신 있게 대답했어.

"그야 장군이니까 당연히 무신이지."

아니란다. 강감찬은 무신이 아니라 문신이었어.

여진 정벌에 나섰던 윤관, 외교 담판으로 거란을 물리친 서희도 모두 문신이었어.

고려 때는 군대의 총사령관을 문신이 맡고,

무신은 그 밑의 낮은 직책을 맡는 일이 많았단다.

고려는 문신에 비해 무신을 천대했어. 하지만 처음부터 무신을 천대한 건 아니야.

초기에는 문신과 무신을 동등하게 대우했지.

문신은 정치를 맡고 무신은 군사에 관한 일을 맡으면서 동등하게 역할 분담을 했어.

그런데 문신이 중심인 문벌 귀족의 입김이 점점 거세지면서 무신에 대한 차별이 심해졌어.

문신은 무신의 재산을 함부로 빼앗고, 심지어 멸시와 모욕도 서슴지 않았단다.

무신들의 불만이 많았겠다고? 맞아. 그래서 결국 무신들은 반란을 일으켜

왕을 갈아 치우고 정권을 잡았단다. 이 반란을 '무신 정변'이라고 해.

자, 그럼 오늘은 8백여 년 전 무신 정변의 현장으로 가 보자.

1251년
고려 시대
고려 대장경(팔만대장경) 완성

1281년
고려 시대
일연 《삼국유사》 펴냄

1351년
고려 시대
공민왕 즉위

1364년
고려 시대
문익점, 원에서 목화씨를 가져옴

고려 18대 왕인 의종은 툭 하면 궁궐 밖으로 나들이를 나가 경치 좋은 곳에서 문신들을 좌우에 거느리고, 술 마시고 시를 읊으며 시간 가는 줄 몰랐어. 아예 궁궐에는 돌아갈 생각도 하지 않았어. 왕이 문신들과 함께 놀고 있는 동안, 무신들은 보초를 서면서 이들을 호위해야 했어. 제대로 먹지도 쉬지도 못하고 말야.

의종의 나들이와 무신들의 모욕

1170년 8월 30일, 이날도 의종은 신하들을 거느리고 나들이를 나섰단다. 전날 밤은 흥왕사라는 절에서 자고, 이날은 보현원으로 향했어. 보현원은 의종이 퍽 좋아하는 곳이었지. 길을 가던 의종은 오문이란 곳에 이르러 행차를 멈추게 하고 잔치를 벌였어. 무신들은 여느 때와 마찬가지로 보초를 서며 호위

공민왕릉의 문신상과 무신상
문신은 관복을 입고 홀을 들고, 무신은 갑옷을 입고 칼을 들고 있어. 문신은 무덤 가까운 윗단에, 무신은 아랫단에 서 있구나. 문신과 무신 간에 차이를 둔 거야. 고려의 무신은 최고 벼슬이 정3품이었어. 정2품과 정1품에는 무신의 직책은 없고 문신의 직책만 있었단다.

를 했지. 분위기가 무르익자, 의종이 말했어.

"여기가 바로 군사들을 훈련시킬 수 있는 곳이로군!"

그러면서 무신들에게 오병수박희를 시켰단다. 오병수박희란 당시 무신들이 즐겨 하던 무예로 택견과 비슷한데, 발보다는 주로 손을 써서 상대를 공격하는 것이 택견과 다른 특징이야.

이윽고 오병수박희가 시작되었단다. 무신 중에 이소응이라는 나이 많은 장군이 있었어. 정3품의 높은 직책을 맡고 있었지. 이소응은 젊은 무신과 겨루게 되었어. 나이가 많은 이소응은 적당히 겨루다가 힘이 부쳐서 기권을 했단다.

그때였어. 왕의 총애를 받고 있던 한뢰라는 젊은 문신이 이소응의 빰을 후려쳤어. 이소응은 졸지에 빰을 맞고 그만 섬돌 아래로 굴러 떨어지고 말았단다. 왕을 비롯하여 구경하던 문신들은 재미있다는 듯이 손뼉을 치며 깔깔 웃었어. 이 꼴을 본 정3품 상장군 정중부는 괘씸함을 참을 수가 없었단다.

견룡군

궁궐에서 왕의 처소를 지키고, 왕을 호위하는 부대란다. 늘 왕의 곁에 있으므로 쉽게 왕의 총애를 얻을 수 있는 자리여서 누구나 부러워했지.

문득 정중부의 머릿속에는 20여 년 전의 치욕이 되살아났어. 정중부가 서른아홉 살로 견룡군 장교였을 때야. 정중부는 왕을 모시고 나례에 참석했어. 나례는 귀신을 쫓는 의례인데, 왕과 신하들이 참석하여 온갖 재주를 펼치며 유쾌하게 노는 자리란다.

그런데 갑자기 내시 김돈중이 정중부의 턱밑에 촛불을 들이대는 바람에 정중부가 애지중지하던 수염이 타 버렸어. 김돈중은 김부식의 아들로, 아버지의 위세를 믿고 기세가 등등한 인물이었지. 정중부는 머리끝까지 화가 치밀었지만 꾹 참을 수밖에 없었어.

이제 정중부는 65세의 노장이 되었어. 우람한 체격에 넓은 이마, 백옥처럼 흰 얼굴에 수염이 멋진 장군으로 무신들의 신망을 한 몸에 받고 있었지. 정중부는 더는 참지 못하고 소리쳤어.

"이소응이 비록 무신이지만 벼슬이 정3품인데 어째서 이렇게 심한 모욕을 주는가!"

정중부의 분노에 찬 목소리를 듣고 찔끔한 왕은 정중부의 손을 잡고 달랬어.

고려의 내시

고려 시대의 내시는 조선 시대의 내시와 전혀 달라. 조선 시대의 내시와 같은 것을 고려 시대에는 환관이라고 했어. 고려 시대의 내시는 좋은 집안 출신의 유망한 젊은이로, 학식이 뛰어나고 장차 중요한 관직에 등용될 사람들을 말해. 《삼국사기》를 쓴 김부식의 아들 김돈중, 성리학을 들여온 안향, 9재 학당을 세운 최충의 손자 최사추 등이 내시였단다.

피로 물든 보현원

어느덧 해가 뉘엿뉘엿 지고 있었어. 왕의 행차는 오문을 떠나 보현원에 도착했단다. 사실, 정중부를 비롯한 무신들은 이때를 기다리고 있었어. 그날 밤 보현원에서 거사를 일으키기로 치밀한 계획을 세워 놓고 있었거든.

정중부는 몇 달 전부터 견룡군 장교 이의방, 이고와 함께 반란을 일으킬 준비를 해 왔단다. 문신들의 횡포를 더는 참을 수 없으니 문신들을 몰아내고 정권을 잡자고 결의하고서 때를 기다려 왔던 거야.

의종은 보현원 안으로 들어가고, 따르던 문신들이 물러 나왔어. 그러자 문밖에서 기다리고 있던 이의방과 이고는 나오는 문신들을 모조리 죽여 버렸단다. 보현원 문 앞에는 문신들의 시체가 산더미처럼 쌓였어. 무신들은 그길로 궁궐을 손에 넣고 의종은 거제도로, 태자는 진도로 귀양을 보내 버렸어.

이렇게 해서 무신들의 반란은 성공을 거두었단다. 이후 약 백 년 동안 고려는 무신들의 세상이 되었어. 이 기간을 '무신 정권 시대'라고 해.

쫓겨난 왕 의종은 어떻게 되었냐고? 정중부의 심복인 이의민이 커다란 가마솥에 넣어 연못에 던져 버렸단다.

무신 정권 시대의 개막
정중부를 중심으로 한 무신들은 보현원에서 반란을 일으켜 정권을 잡았어. 그 후 약 백 년 동안 무신 정권 시대가 계속되었단다.

무신들의 반란이 성공한 이유

무신들의 반란이 성공할 수 있었던 것은 농민과 일반 병사들의 지지를 받았기 때문이야. 당시 농민들은 문벌 귀족의 횡포 아래서 힘든 생활을 하고 있었어. 문벌 귀족은 수단과 방법을 가리지 않고 땅을 넓혀 부자가 되었고, 농민들은 문벌 귀족의 등쌀에 농사짓던 땅마저 빼앗겨 오갈 데 없는 처지였거든. 그래서 농민들은 무신들에게 기대를 걸고서 반란을 지지했단다.

하지만 정권을 잡은 무신들은 그 기대를 저버렸어. 무신들의 관심은 농민의 생활을 낫게 해 주는 데 있었던 것이 아니라, 자기들의 잇속을 차리는 데 있었거든. 문신이 독차지했던 재물과 권력은 무신으로 그 주인이 바뀌었을 뿐 농민의 입장에서 보면 달라진 것이 없었어.

게다가 무신들은 저희들끼리 치열한 권력 다툼을 벌이느라고 농민을 돌보는 데는 별로 노력을 기울이지 않았단다. 그래서 농민들의 생활은 나아지기는커녕 도리어 갈수록 어려워지기만 했어.

정권을 잡은 무신들이 저희들끼리 권력 다툼을 벌였다고 했지? 이들은 서로 죽고 죽이는 피비린내 나는 싸움을 벌였어. 이고는 이의방에게 죽고, 이의방은 정중부에게 죽고, 정중부는 다시 경대승이라는 무신에게

고려 무신상
늙은 무신상이지만 늠름한 모습이구나.

석릉
강화도에 있는 고려 21대 왕 희종의 릉이야. 희종은 무신 정권의 실력자 최충헌을 몰아내려다 오히려 쫓겨나서 강화도 근처의 섬 교동도에 유배당했다가 세상을 떠났어. 강화도는 남한에서 유일하게 고려의 왕과 왕비 능이 모여 있는 곳이야.

죽었어. 그리고 경대승이 서른 살의 나이에 병들어 죽자, 정중부의 심복 이의민이 최고 권력자가 되었단다. 왕은 이름만 왕일 뿐 아무런 힘도 없었어.

이의민 다음에는 누가 등장했냐고? 최충헌이란다. 최충헌이 권력을 잡은 뒤로 약 60년 동안은 최충헌의 아들 최우, 최우의 아들 최항, 최항의 아들 최의가 대를 물려 가면서 권력을 휘둘렀어. 최씨들은 왕을 다섯 명이나 갈아 치우고 정치를 마음대로 주물렀단다.

무신 정권 때는 천민 출신으로 출세한 자들이 꽤 많았어. 그중 대표적인 인물이 이의민이란다. 의종을 가마솥에 넣어 연못에 던져 버린 사람 말야. 그는 아버지가 소금 장수, 어머니는 옥령사라는 절의 노비였는데, 무신 정권의 최고 우두머리까지 올라갔어.

오늘날 무신 정권 시대는 그다지 좋은 평가를 받지 못하고 있어. 왜냐하면 무신 정권이었던 백 년 동안 농민과 천민의 봉기가 꼬리를 물고 일어났으며, 몽골군의 침입으로 온 나라가 황폐해졌거든. 하지만 신분 제도의 굳건한 틀을 넘어 천민이 관리가 된 경우가 꽤 많았던 점만큼은 좋은 평가를 해 줄 수 있지 않을까?

이자겸의 반란

무신 정변이 일어나기 직전, 고려 조정은 몇몇 유력한 문벌 귀족이 좌지우지하고 있었어. 그중에서도 대표적인 인물이 인주 이씨 집안인 이자겸이야. 이자겸은 왕에 버금가는 권력을 휘둘렀어.

이자겸은 인종의 외할아버지였는데, 자기의 두 딸을 외손자인 인종과 결혼시켰단다. 이렇게 왕의 외할아버지인 동시에 장인이 된 이자겸은 세상에 두려울 것이 아무것도 없었어. 갈수록 이자겸이 두려워진 인종은 이자겸을 없애려 했어. 그러나 낌새를 알아챈 이자겸이 선수를 쳐서 반란을 일으켰지. 이자겸은 외손자인 인종을 자기 집에 가두고 정치를 마음대로 주물렀단다. 그러자 세간에는 '십팔 자(十八子)가 왕이 된다.'는 소문이 떠돌았어. '십팔자'를 합치면 '이(李)' 자가 되니, 곧 이자겸이 왕이 된다는 뜻이었지.

그러나 이자겸의 권세는 오래가지 못했어. 인종은 정지상과 김부식으로 하여금 이자겸을 쫓아내게 했어. 이자겸을 쫓아내는 데 힘을 모았던 정지상과 김부식은 뒤이은 서경 천도 운동에서는 적이 되었단다.

?!

묘청의 서경 천도 운동

묘청은 서경(지금의 평양) 출신의 승려였어. 그는 당대의 권세가인 이자겸을 제거하는 데 공을 세우고 17대 왕인 인종의 고문이 되었단다.

그는 문벌 귀족들의 힘을 약화시키려면 수도를 다른 곳으로 옮겨야 한다고 인종을 설득했어. 개경은 문벌 귀족들이 판치는 곳이니, 개경을 떠나 서경을 새 수도로 삼자고 했지. 개경은 이미 기운이 다했으니 서경으로 가면 주변국들이 모두 머리를 조아릴 것이라고 말이야.

또, 중국처럼 왕을 황제라고 부르고, 연호도 중국을 따라 쓰지 말고 독자적으로 써야 한다는 '칭제건원'을 주장했어. 나아가 여진족이 세운 금나라와 화친하지 말고, 여진을 정벌해야 한다고 주장했단다.

그러자 윤언이, 정지상, 백수한 등이 묘청의 주장을 지지하고 나섰어. 문벌 귀족들에게 싫증이 나 있던 인종은 묘청의 말에 솔깃하여 서경에 새 궁궐을 짓게 하고, 서경 천도를 꿈꾸었단다.

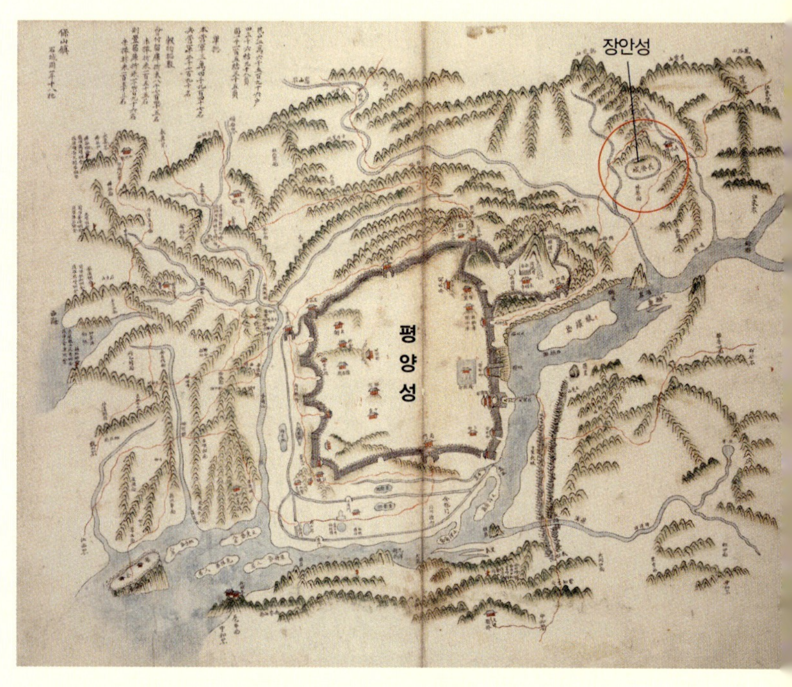

대화궁
서경의 새 궁궐은 평양성 동북쪽에 자리 잡았어. 이름은 대화궁이라고 했지. 사진은 조선 시대에 만든 《해동지도》인데 장안성이라고 표시된 곳이 바로 대화궁이 있던 자리야.
–규장각한국학연구원

그러나 서경 천도는 여러 문벌 귀족들의 반대에 부딪혀 실행에 옮기지 못했어. 왜냐고? 대한민국의 수도를 서울에서 다른 곳으로 옮긴다고 한번 상상해 보렴. 그건 단지 수도를 옮기는 일이 아니라 수많은 사람들의 생활 중심이 바뀌는 어마어마한 일이 돼. 마찬가지로 당시 개경의 문벌 귀족들에게 서경 천도는 곧 자신의 세력 기반을 완전히 잃어버리게 되는 엄청난 사건이었던 거야.

인종 시책
인종에게 공효 대왕이라는 시호(죽은 뒤에 그 공덕을 칭송하여 붙이는 이름)를 올리는 글이야. 옥에 새겼기 때문에 옥책이라고도 해. 옥책은 고려 시대 왕의 생활을 아는 데 중요한 자료가 된단다. -국립중앙박물관

서경 천도 운동이 실패로 돌아가자, 묘청은 서경에서 반란을 일으켰어. 그러자 반란을 진압할 토벌군이 출발했단다. 토벌군의 총사령관은 김부식이었지. 김부식은 개경에 남아 있던 정지상과 백수한을 죽이고 서경으로 떠났어. 묘청은 죽고 반란은 진압되었지. 김부식은 반란을 진압한 공으로 공신 칭호를 받고서 최고의 관직과 명예를 얻었어.

앞에서 얘기한 이자겸의 반란과 묘청의 서경 천도 운동은 모두 문벌 귀족들 사이의 권력 다툼이 극심해진 가운데 생겨난 사건들이야. 그리고 이 두 사건은 무신 정변이 왜 일어났는지 이해하는 데에도 중요한 열쇠가 된단다.

왕후장상의 씨가 따로 있나?

1198년

노비들이 봉기에 앞장선 인물이 누구였는 줄 아니?
바로 무신 정권의 최고 우두머리인 최충헌의 노비였어. 이름은 만적.
만적은 똑똑하고 과감한 인물이었던 것 같아.
부모가 누구인지, 어떻게 해서 노비가 되었는지 전혀 알려져 있지 않지만,
그는 체념하고 순종하기 마련인 보통 노비들과는 달랐어.

1170년
고려 시대
무신 정변 일어남

1198년
고려 시대 노비 만적, 개경에서 봉기

1232년
고려 시대
강화도로 수도를 옮김

고려 5백 년 역사 중에서 12세기와 13세기는 변화의 시대였어.
이 시대의 가장 눈에 띄는 특징은
그동안 억눌려 온 농민과 천민의 힘이 화산처럼 폭발했다는 점이야.
농민 봉기는 신라 시대에도 있었고 조선 시대에도 있었어.
그런데 고려 시대에는 농민뿐 아니라 천민의 봉기가 활발하게 일어났어.
무엇이 이들을 폭발하게 만들었을까?
오랫동안 쌓여 온 지배층에 대한 불만과 분노,
그들도 좀 더 나은 삶을 살고 싶다는 소망,
그런 것들이 아니었을까? 농민과 천민이 봉기를 일으킨 근본 원인은
팍팍한 생활 형편 때문이지만, 다른 한편으로는 무신 정권이 들어서면서부터
천대받던 신분으로도 높은 지위에 오르는 사람이 늘어났고,
그럼으로써 절대적인 것으로만 여겨지던 신분 제도가
바뀌거나 없어질 수도 있다는 깨달음을 얻었기 때문일 거야.
무신 정권이 들어선 직후부터 시작된 농민과 천민의 봉기는
무신 정권이 끝나는 1270년까지 약 백 년 동안 계속되었단다.
그럼, 이제 그 역사의 현장으로 가 보자.

1251년
고려 시대
고려 대장경(팔만대장경) 완성

1281년
고려 시대
일연 《삼국유사》 펴냄

1351년
고려 시대
공민왕 즉위

1364년
고려 시대
문익점, 원에서 목화씨를 가져옴

고려 19대 왕 명종 때인 1176년 1월, 명학소 사람들이 봉기를 일으켰어. 앞장선 사람은 망이와 망소이였단다. 이 두 사람에 대해서는 알려진 것이 거의 없단다. 나이는 몇 살인지, 어떻게 생겼는지, 둘은 형제인지 아니면 친구 사이였는지 전혀 몰라. 다만 망이와 망소이 둘 다 성씨 없이 이름만 있는 것으로 보아 높은 신분이 아니었다는 것만은 확실해.

공주 명학소에서 일어난 망이와 망소이의 봉기

명학소는 공주에 소속되어 있는 '소' 중의 하나였어. 소는 고려 시대의 특별 행정 구역으로, 자기나 종이 같은 특산물을 만들어 나라에 바치는 곳이야. 소에 사는 사람들은 일반 농민들보다 생활이 훨씬 더 어려웠고, 또 천대를 받았어.

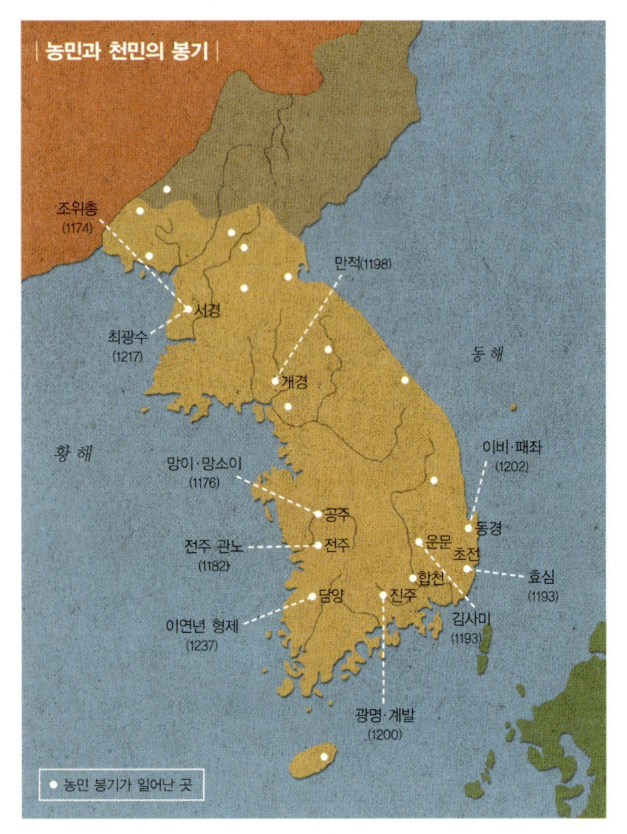

봉기는 서경(지금의 평양)을 중심으로 한 서북 지역에서 시작되어 전라도, 충청도, 경상도, 제주도에 이르기까지 전국 각지로 번져 나갔어.

명학소에서 어떤 특산물을 만들어 바쳤는지는 정확히 알려져 있지 않은데, 그 위치는 대략 지금의 대전시 서구 일대라고 생각돼.

망이와 망소이는 무리를 이끌고 공주를 공격하여 함락시켰어. 이에 놀란 조정은 대장군 정황재, 장군 장박인에게 3천 명의 군사를 주어 보냈어. 그러나 봉기군의 기세에 눌려 군사들이 도망가 버리는 바람에 싸움은 봉기군의 승리로 끝났단다. 봉기군은 자신감을 얻어 공주를 거점으로 세력을 넓혀 갔어. 주변의 농민, 천민들이 속속 봉기군에 가담해 왔단다.

조정은 할 수 없이 이들을 달래기 위해 회유책을 쓰기로 했어. 천대받는 특수 행정 구역인 명학소를 일반 행정 구역인 '현'으로 승격시켜 준 거야. 현의 이름은 충순현이라 했어. 소를 현으로 승격시켜 준 것은 정말 파격적인 조치였어.

그러나 봉기군은 진격을 멈추지 않았단다. 봉기군은 예산을 거쳐 충주를 점령했어. 충주는 개경으로 가는 길목에 있는 교통의 요지이고, 경상도에서 거둬들인 세금을 보관하는 창고가 있는 곳이었기 때문에 봉기군에게 필요한 곡식과 물품을 얻기에는 아주 알

맞은 곳이었지.

조정에서는 다시 한 번 사람을 보내 봉기군을 달랬단다. 봉기군은 잠시 주춤했어. 정말 현으로 승격시켜 주는 것이 확실하다면 더는 피 흘리는 싸움을 할 필요가 없지 않느냐고 생각했는지도 몰라. 봉기군은 조정과 강화를 맺고 집으로 돌아갔단다.

그러나 한 달 뒤, 망이와 망소이는 두 번째 봉기를 일으켰어. 왜 그랬을까? 봉기군은 홍경원이라는 절을 불태우고 그곳 주지 스님에게 편지를 주어 개경으로 보냈는데, 그 편지에 다시 봉기한 까닭이 이렇게 적혀 있었어.

"우리 고향을 현으로 승격시키고 수령을 보내 다스린다더니, 어느새 군사를 풀어 토벌하고 우리 어머니와 아내를 잡아 가두는 뜻이 어디에 있느냐. 차라리 창과 칼 아래서 죽을지언정 항복하여 노예가 되지는 않으리니, 반드시 개경으로 쳐들어간 뒤에야 그만둘 것이다."

조정이 약속을 어기고 봉기에 참여한 사람들의 가족을 잡아 가두었기 때문에 다시 봉기할 수밖에 없었다는 얘기야. 봉기군은 경기도 여주, 충청도 진천을 장악하고 개경을 바라보았어. 주변의 농민, 천민들도 이들을 내심 지지했단다.

조정은 충순현을 도로 명학소로 강등시키는 한편 군대를 보내 진압에 나섰어. 더 이상 버티기 어렵게 된 망이와 망소이는 항복을 청했고, 청주 감옥에 갇혔단다. 일 년 반에 걸쳐 계속되었던 망이와 망소이의 봉기는 이렇게 막을 내렸어. 비록 실패로 끝나긴 했지만 망이와 망소이의 봉기는 천대받던 소에서 일어나 지배층의 간담을 서늘케 한 대규모 반란이었어.

노비 만적의 외침

망이와 망소이의 봉기가 있은 지 약 20년 뒤, 수도 개경에서는 노비들의 봉기가 일어났단다. 봉기를 일으킨 노비들은 이 세상에서 노비란 존재를 아예 없애 버리자고 했어.

지난번 편지에서 말했듯이, 노비는 단지 '말할 줄 아는 도구'였을 뿐 사람으로 인정받거나 대우받지 못했단다. 노비는 주인의 명령에 절대 복종해야 하고, 또 주인이 마음대로 이리저리 팔아넘겨도 불평할 수가 없었어. 천인 신분이었기 때문에 나라와 사회로부터도 아무런 보호를 받지 못하는 멸시의 대상이었지.

그런데 그런 노비들이 봉기를 일으킨 거야. 앞장선 인물이 누구였는 줄 아니? 바로 무신 정권의 최고 우두머리인 최충헌의 노비였어. 이름은 만적.

만적은 똑똑하고 과감한 인물이었던 것 같아. 부모가 누구인지, 어떻게 해서 노비가 되었는지 전혀 알려져 있지 않지만, 그는 체념하고 순종하기 마련인 보통 노비들과는 달랐어. 주인인 최충헌이 당대 최고의 권력자였으니, 그 집에 드나드는 내로라하는 유명한 인물들을 지켜보면서 느낀 바도 많았을 거야. 그 인물들 중에는 만적처럼 천민 출신도 있었어. 무신 정권 때는 천민 출신으로 벼슬을 하고 출세한 자들도 꽤 많았다고 했지?

만적은 노비 신분에서 벗어나야겠다고 결심했어. 아니, 세상에서 노비라는 것을 아예 없애 버리겠다고 결심했지. 문신들에게 천대받던 무신들이 천하를 거머쥐었으니, 노비라고 그리 못할 것 없다고 생각했는지도 몰라. 만적은 거사를 일으킬 동지를 찾기로 마음먹었어.

평소에 노비들은 일하느라 서로 만날 수가 없었지만, 땔감을 구하러 산에 가서는 종종 만날 수가 있었어. 만적은 산에 나무하러 다니면서 다른 집 노비들과 만나 의기투합할 동지를 찾아냈단다. 미조이, 연복, 성복, 소삼, 효삼 등 다섯 명의 노비와 만적은 서로 뜻을 확인하고 거사를 일으킬 준비를 했어.

1198년 5월 어느 날, 개경의 북산에 노비들이 모여들었어. 주인에게 나무하러 산에 간다 하고 다들 모인 거야. 먼저 만적이 입을 열었어.

"무신들이 권세를 잡은 뒤로 높은 벼슬아치는 천인과 노비에서도 많이 나왔소. 왕후장상(왕, 귀족, 장군, 재상)의 씨가 어찌 따로 있겠소. 때가 오면 누구든 할 수 있는 것이오. 왜 우리들이라고 고달프게 일만 하면서 채찍에 시달려야 한단 말이오?"

만적의 외침
만적은 뜻을 같이할 노비들을 찾아다녔어. 만적의 이야기를 들은 노비들은 함께 거사를 약속했단다.

* 丁 장정 정

노비들은 모두 환호성을 질렀어. 거사일을 5월 17일로 정하고, 누런 종이 수천 장을 오려 '정' 자를 아로새겨서 나눠 주었어. 왜 '정' 자가 쓰인 종이를 나눠 주었을까? '정'에는 '양인'이라는 뜻이 담겨 있어. 아마도 천인에서 벗어나 양인이 되고 싶은 소망을 그렇게 나타냈나 봐. 노비들은 '정' 자 표지를 달고 약속한 날 궁궐에서 가까운 흥국사라는 절에 모이기로 했어.

"우리들이 흥국사에 모여서 북을 치고 고함을 지르면 궁궐 안에서도 노비들이 들고 일어날 것이오. 그럼 우리는 먼저 최충헌을 죽이고 각자 주인을 죽인 다음, 노비 문서를 불태웁시다. 그래서 이 나라에 다시는 천인이 없게 합시다. 그러면 어떤 고관대작이라도 우리들이 다 얻을 수 있을 것이오!"

개성 흥국사 탑

개성에 있는 흥국사 탑이야. "왕후장상의 씨가 따로 있나?" 이렇게 외치며 노비들이 흥국사에 모였을 때, 이 탑은 말없이 그들을 내려다보았을 거야. 흥국사 탑은 그때 그들의 소망을 알고 있겠지? 만약 노비들의 봉기가 성공했더라면 어떻게 되었을까?

동지의 배반

약속한 5월 17일이 되었어. 그런데 흥국사에 모인 노비의 숫자는 몇 백 명을 넘지 않았단다. 이 숫자로는 봉기를 성공시킬 수 없다고 판단한 만적은 며칠 뒤에 보제사에서 다시 모이자고 했어.

"비밀이 새면 성공할 수 없으니 함부로 말하지 마시오."

그런데 모임에 참석했던 노비 중에 순정이란 자

개성 남대문의 종
현재 개성 남대문 누각에 걸려 있는 종은 원래 보제사에 있던 종이란다. 보제사는 연복사라고도 해. 흥국사 모임에 실패한 노비들이 다시 만나기로 약속한 곳이었지. 흥국사나 보제사는 모두 궁궐 가까이에 있는 절이었어.

가 있었어. 순정은 율학 박사 한충유의 노비였는데, 이날 모임이 실패로 끝나자 몹시 불안했단다. 그는 고민 끝에 주인 한충유에게 모든 것을 실토했어. 한충유는 그길로 최충헌에게 달려가 사실을 알렸고, 최충헌은 즉시 체포령을 내려 만적을 비롯한 백여 명의 노비들을 잡아들였어. 최충헌은 이들을 꽁꽁 묶어 산 채로 예성강에 던져 버렸단다.

봉기를 막은 공로로 한충유는 승진했고, 동지들을 밀고한 순정도 상금으로 백금 80냥을 받고 노비 신분에서 벗어나 양인이 되었어. 순정은 소원대로 노비를 면했지만, 강물에 던져진 동지들을 끝내 잊지 못했을 거야.

만적의 봉기는 비록 실패로 끝났으나, 참 많은 것을 생각하게 해 준단다. 태어날 때부터 정해진 신분에 따라 사는 것을

율학 박사

형률에 관한 교육을 맡아보는 관직으로, 종8품의 낮은 직책이야. 형률은 지금의 법률과 같단다.

당연한 일로 알았던 그때, 신분 제도를 정면으로 거부하고 노비도 양인이 될 수 있을 뿐 아니라 왕후장상까지 될 수 있다고 외쳤던 만적은 시대를 앞서 간 야심만만한 인물임에 틀림없어. 만약 그의 거사가 성공했더라면 어찌 되었을까? 무신들이 다스리는 세상에 뒤이어 노비들이 다스리는 세상이 왔을까? 그 세상은 이전 세상보다 살기 좋은 세상이었을까? 여러 가지 생각이 꼬리를 물고 일어나는구나.

노비로서 만적처럼 신분 제도에 정면으로 도전한 사람은 5백 년 고려 역사를 통틀어 다시는 만날 수가 없단다. 만적의 소원이었던 신분 제도의 폐지는 몇 백 년 뒤인 조선 시대 말에 가서야 이루어지게 돼.

! 재상 이규보는 농민 봉기를 어떻게 생각했을까?

이규보는 무신 정권 때 재상을 지낸 사람이야. 그는 한때 농민 봉기를 진압하는 군대에 자원하여 경상도 지방으로 간 적도 있어. 하지만 그런 이규보도 농민들이 봉기를 일으킬 수밖에 없는 까닭을 모르지는 않았어. 그래서 《동국이상국집》에 이런 시를 지어 놓았단다.

고랑에 엎드리어 비 맞으며 김매니 / 거칠고 검은 얼굴 어찌 사람이랴
왕손 공자들아 업수이 여기지 마라 / 부귀호사가 우리 손에 매였나니

햇곡식 푸르러 채 익기 전에 / 관리며 서리들 조세를 매기도다
애써 지은 마음은 나라 위함이어늘 / 어찌하여 우리네들 살까지 벗기려노

?!

양인이 되고 싶었던 노비 평량

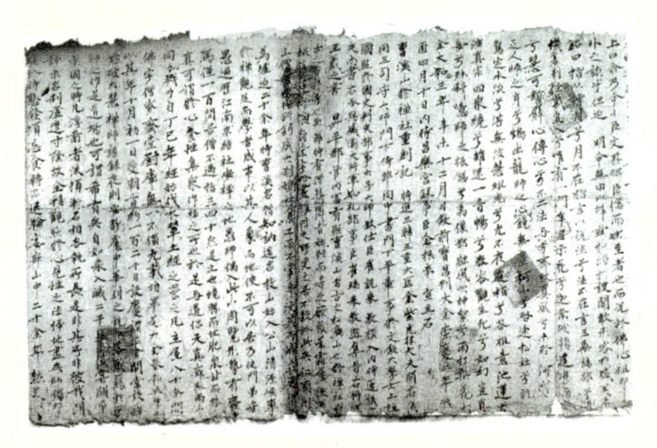

고려 시대 노비 문서 공민왕 7년(1358년) 수선사 주지 원오 국사가 아버지에게 물려받은 노비를 수선사의 대장경을 지키기 위해 절에 바친다는 내용이야. 수선사는 전라남도 순천에 있는 송광사의 옛 이름이란다.

평량은 경기도 양주에 사는 노비였어. 평량은 주인집에 살지 않고 따로 살고 있었어. 이렇게 주인과 따로 살면서 농사지은 곡식의 일부를 몸값으로 바치고, 가끔씩 주인이 필요로 하는 일을 해 주는 노비를 '외거 노비' 라고 해. 그와는 달리 주인집에서 함께 살면서 온갖 잡일을 하는 노비를 '솔거 노비' 라고 한단다.

평량은 부지런히 일하여 재산을 모았어. 그러고는 애써 모은 돈으로 권세가에게 뇌물을 바쳐 천인을 면하고 양인이 되었지. 또, 돈으로 '산원동정' 이라는 정8품 벼슬까지 샀단다.

평량의 아내 역시 왕원지라는 사람의 노비였어. 하루는 왕원지가 재산을 잃고 살길이 막막하여 가족을 데리고 평량의 집으로 왔어. 평량은 아내의 상전인 왕원지 가족을 잘 대접했단다.

그런데 왕원지 가족이 개경으로 돌아가게 되자, 평량은 처남과 함께 길가에 숨어 있다가 왕원지 가족을 모두 죽여 버렸어. 아내의 상전인 왕원지를 죽이고 아내도 양인 신분으로 만들기 위해서였지. 그래야 자기 자식들도 온전한 양인이 될 수 있었거든. 그 후 평량은 아들과 처남을 벼슬에 오르게 하고, 관리의 딸과 결혼까지 시켰단다. 하지만 평량의 꿈은 오래가지 못했어. 결국 이런 사실이 드러나 귀양을 가고 말았지.

천인 신분을 면하고 싶은 당시 노비들의 소망이 얼마나 강렬했는지 평량의 이야기는 말해 주고 있단다.

농민과 천민들이 몽골과 싸우다

1232년

삼별초의 항쟁이 좀처럼 누그러질 기미를 보이지 않자
고려 조정과 몽골은 삼별초를 토벌하기로 결정했어. 몽골은 그렇다 치고,
어떻게 같은 나라 사람인데 고려 조정이 삼별초를 토벌할 수 있냐고?
삼별초는 고려 조정을 근본적으로 부정하는 위험한 존재였어.
더욱이 삼별초를 지지하는 백성들의 움직임이 날로 거세지고 있었어.
그래서 고려 조정은 삼별초를 그냥 내버려 둘 수가 없었던 거야.

1170년
고려 시대
무신 정변 일어남

1198년
고려 시대
노비 만적, 개경에서 봉기

1232년
고려 시대 강화도로 수도를 옮김

무신 정권이 들어선 지 어느덧 60년, 고려는
건국 이래 최대의 위기를 맞게 되었어. 몽골군이 쳐들어온 거야.
그때 몽골은 세계 역사상 보기 드문 대제국을 이루고 있었단다.
몽골의 지도자 칭기즈 칸의 이름은 너도 들어 보았지?
칭기즈 칸은 몽골 초원의 작은 부족에서 일어나 아시아 전부를 손에 넣고,
서쪽으로 서쪽으로 나아갔단다.
그래서 지금의 동유럽, 그러니까 헝가리 일대까지 모두 몽골의 땅으로 만들었어.
유럽 사람들은 칭기즈 칸의 이름만 들어도 벌벌 떨 정도였단다.
몽골인들은 날쌘 기병을 무기 삼아 전 세계를 순식간에 휩쓸었지.
그 어떤 나라, 어떤 민족도 몽골의 말발굽 아래서는 버텨 내지 못했어.
서쪽을 제패한 몽골은 말발굽을 동쪽으로 돌려 만주와 고려에 눈독을 들였어.
이렇게 해서 시작된 몽골과의 전쟁은 1231년부터 1258년까지
약 30년 동안 계속되었단다.
고려는 이 위기를 어떻게 넘겼을까?

1251년
고려 시대
고려 대장경(팔만대장경) 완성

1281년
고려 시대
일연 《삼국유사》 펴냄

1351년
고려 시대
공민왕 즉위

1364년
고려 시대
문익점, 원에서 목화씨를 가져옴

몽골군은 고려에 모두 일곱 번이나 침입해 왔어. 몽골군이 지나간 곳은 온통 잿더미로 변하고 시체가 산을 이루었어. 몽골군은 열 살 넘은 고려 남자를 모두 죽이고, 여자와 어린이는 포로로 잡아갔단다. 고려 사람들은 계속되는 전쟁 때문에 제대로 농사를 지을 수 없어서 굶주림에 시달렸어. 굶주림은 몽골군만큼이나 가혹하고 참혹했단다. 노인과 어린이들이 길가에서 죽어 가고, 아이를 나무에 붙잡아 매고 떠나 버리는 부모가 있을 정도였어.

그때 나라를 다스리는 정치가들은 무얼 하고 있었냐고? 왕은 이름뿐이었으니 그렇다 치고, 정치를 도맡아 하던 무신 정권의 최고 지도자 최우(최충헌의 아들)는 무얼 하고 있었을까?

최우는 수도를 개경에서 강화도로 옮겼어. 세운이는 강화도에 가 보았지? 지금은 다리가 놓여 있어서 자동차를 타고 아무 어려움 없이 건너갈 수 있지만, 당시에는 다리가 없어 배를 타고 건너가야 하는 섬이었단다.

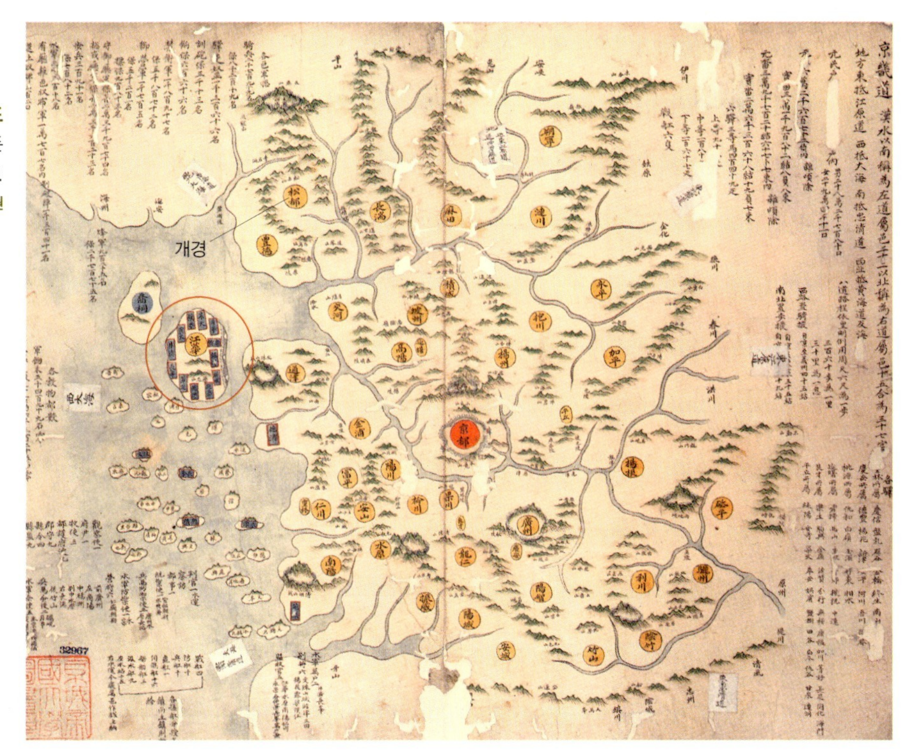

강화도가 나온 고지도
조선 시대에 만든 《해동지도》의 강화도 부근이야.
–규장각한국학연구원

강화도로 수도를 옮기다

왜 하필 강화도였을까? 강화도는 섬이라 적군의 공격을 막기에 유리하고, 수도 개경에서 가까운 데다 각 지방에서 배에 실려 올라오는 세금이 도착하기에 편리한 곳이었어. 그때는 지금처럼 세금을 돈으로 내지 않고 옷감, 쌀, 각종 특산물 등으로 냈다고 했지? 그래서 최우는 강화도를 임시 수도로 정한 거야.

그런데 최우를 비롯한 지배층은 수도를 옮기면서 육지에 남게 될 수많은 백성들에 대해서는 아무런 대책을 세우지 않았어.

세계 제국을 건설한 칭기즈 칸

칭기즈 칸은 지금도 서양 사람들에게 두려움의 대상이야. 몇 년 전, 미국의 유명한 잡지 《타임》에서 지난 1000년 동안 세계에 가장 큰 영향을 미친 인물 100명을 발표했는데 1등이 누구였는 줄 아니? 바로 칭기즈 칸이었어. 동양에서 온 칭기즈 칸이 서양을 공포에 떨게 했던 것을 서양 사람들은 좀처럼 잊어버리기 힘든 모양이야.

세계 최강의 몽골군을 맞아 싸울 군대조차 변변히 없는데, 지배층만 강화도로 도망가 버린 꼴이야. 이쯤 되면 너도 무신 정권이 백성들을 위한 정권이 아니었다는 것을 확실히 알겠지?

강화 외성
고려는 섬을 빙 둘러가며 성을 쌓았어. 지금 남아 있는 것은 조선 시대에 다시 쌓은 것이야.

육지에 남은 백성들은 어떻게 했을까? 백성들은 스스로를 지키기 위해 목숨을 걸고 싸웠단다. 도망치기 바쁜 관리들, 용기를 잃어버린 관군에 비해 스스로를 지키기 위해 싸우는 백성들은 매우 용감했어. 농민들로 이루어진 농민군, 노비를 비롯한 천민으로 이루어진 천민군이 곳곳에서 승리를 거두었단다.

몽골 장군 살리타를 물리친 처인 부곡 사람들

경기도 용인에 가면 처인성이란 곳이 있어. 성이라니까 드높은 성벽에 웅장한 모습을 갖춘 그런 성을 상상하겠지만, 처인성은 흙으로 나지막이 쌓아 올린 보잘것없고 초라한 성이야. 처인성이 있던 곳은 특별 행정 구역인 부곡이었단다. 부곡에 사는 사람들은 소에 사는 사람들과 마찬가지로 일반 농민들보다

처인성
경기도 용인에 있는 처인성은 흙으로 나지막이 쌓아 올린 보잘것없고 초라한 성이었단다.

처인성 전투 기록화
왕을 비롯한 무신 정권의 지배층이 강화도로 도망가자 육지에 남은 백성들은 농민, 천민, 승려 할 것 없이 모두 힘을 합쳐 용감하게 싸웠단다.
-전쟁기념관

천대를 받고 있었어.

몽골군이 온다는 소식을 듣고 처인 부곡 사람들은 모두 성안으로 피신을 했단다. 몽골군의 총사령관은 살리타. 몽골이 자랑하는 명장이었지. 살리타는 처인성 따위는 얼른 쳐부수고 가자면서 부하들을 독촉했어. 그런데 웬걸, 처인성 사람들의 저항은 놀랄 만큼 완강했어.

전투가 시작되었을 때야. 살리타는 날아온 화살을 맞고 그만 그 자리에서 숨을 거두었단다. 총사령관 살리타가 죽자, 몽골군은 서둘러 철수해 버렸어.

고려 사회에서 천대받던 부곡 사람들이 세계 최강의 몽골군을 물리친 거야. 그때 처인성에는 김윤후라는 승려가 있었어. 처인성 안에 있는 부곡 사람들을 격려하면서 싸움을 이끈 인물이 바로 김윤후였다고 생각돼. 왕은 김윤후의 공을 칭찬하는 뜻으로 벼슬을 주었어.

김윤후는 천대받는 사람들의 마음을 잘 이해하고 있었나 봐. 20여 년 뒤, 몽골이 다섯 번째로 침입했을 때도 김윤후는 충주성에서 노비들을 모아 놓고 외쳤단다.

"누구든지 온 힘을 다해 싸우는 사람에게는 귀천의 차별 없이 모두 벼슬을 주겠다."

그러면서 노비 문서를 불태워 버렸단다. 몽골군과의 싸움에서 이기기만 하면 노비를 면할 뿐만 아니라 벼슬까지 주겠다는 말에 싸우지 않을 노비가 어디 있겠니? 충주성 노비들은 용감히 싸워 승리를 거두었어. 이 밖에도 여러 곳에서 고려의 농민과 천민들은 몽골군에 맞서 용감히 싸웠단다.

김윤후 영정
원래 승려였으나 처인성 전투 후 무관 벼슬을 받고 몽골과의 싸움에서 활약했어. –충주시

백 년 만에 무너진 무신 정권

몽골은 고려 백성들의 완강한 저항에 주춤했어. 세계를 휩쓸고 다녔지만 이토록 강하게 저항하는 사람들은 만나 보지 못했거든. 몽골은 싸움을 계속해 봐야 이로울 게 없다고 판단했어. 그래서 고려 조정에 조건을 걸고 화해를 제안했단다. 조건은 고려 왕이 직접 몽골에 와서 인사를 할 것, 강화도에

몽골 기마병
대제국을 건설한 몽골 기마병의 모습이야. 말을 타고 날쌔게 전 세계를 휩쓸고 다녔지. 하지만 고려의 완강한 저항에는 어쩌지 못했어. 몽골과 고려는 조건을 건 화해를 하고 30여 년 간의 전쟁을 멈추었단다.

서 개경으로 수도를 다시 옮길 것 이렇게 두 가지였어.

몽골의 제안에 고려 조정은 의견이 둘로 갈렸단다. 무신들은 개경으로 돌아가는 데 적극 반대했어. 개경으로 돌아가면 몽골이 자기들을 가만두지 않을 테니, 여태껏 누려 온 부귀영화가 하루아침에 물거품이 될까 봐 두려웠던 거야. 하지만 왕과 문신들은 찬성했어. 이 기회에 무신들을 몰아내고, 땅에 떨어진 왕의 권한을 되찾아야겠다고 생각했지.

고려 왕 원종은 몽골로 가서 왕권을 되찾는 일을 도와 달라고 청했어. 몽골이 거절할 리 없었지. 원종은 몽골군의 호위를 받으면서 고려로 돌아왔단다. 돌아오는 도중에 개경으로 돌아간다는 환도 선언을 했어. 그러고는 반대하는 무신들을 가차 없이 처치해 버렸단다.

* 還 돌아올 환
都 도읍 도

이렇게 해서 고려 조정은 강화도에 들어온 지 39년 만에 다시 개경으로 돌아가게 되었어. 그와 동시에 꼭 백 년 만에 무신 정권이 무너지고, 왕이 다시 정치의 중심이 되었단다. 이것을 '왕정 복고'라고 해.

* 王 임금 왕
政 정사 정
復 회복할 복
古 옛 고

다시 보는 삼별초의 항쟁

삼별초는 몽골에 굴복하지 않고 끝까지 싸운 군대로 널리 알려져 있어. 삼별초의 항쟁이야말로 민족정신과 자주정신의 꽃이라고들 얘기하지. 그런데 엄마는 오늘 조금 다른 얘기를 하려고 해. 잘 들어 보고 네 생각을 말해 주면 좋겠구나.

삼별초를 처음 만든 것은 최우였어. 최우는 나라 안에 들끓는 '도적'을 잡겠다면서 특별 부대를 만들었어. 이 특별 부대를 '야별초'라고 했단다. 매일 밤 야간 순찰을 도는 특별 부대라는 뜻이야. 야별초의 수가 늘어나자 부대를 둘로 나누어서 좌별초, 우별초라고 했어. 또, 몽골에 잡혀갔다가 도망 온 사람들로 부대를 만들어 신의군이라고 했지. 그리고 이 세 부대를 합쳐서 '삼별초'라고 불렀단다.

* 夜 밤 야
別 다를 별
抄 뽑을 초

야별초는 '도적'을 잡기 위해 만든 부대라고 했지? 그런데 여기서 말하는 도적의 정체는 무엇일까? 특별 부대를 만들 만큼 골칫거리였던 도적의 정체 말이다. 사실 이들은 생활에 쫓기다 못해 봉기한 백성들이었어.

지난번 편지에서 무신 정권 때 꼬리를 물고 일어난 농민과 천민의 봉기에 대해 얘기했었지? 무신 정권의 지배층은 이렇게 봉기한 농민과 천민을 뭉뚱그려 '도적' 또는 '초적'이라고 불렀단다. 무신 정권의 지배층에게는 봉기한 농민과 천민이 모두 도적으로밖에 보이지 않았어. 그러니까 삼별초의 모체인 야별초는 백성들을 잡기 위해 만들어진 부대였던 거야.

무신 정권의 역대 우두머리들은 삼별초를 후하게 대우해 주었어. 봉급도 많이 주고, 보너스도 두둑이 주었어. 승진할 때는 특혜를 주고, 잘못을 저질러도 적당히 눈감아 주곤 했어. 그러면서 삼별초를 자신들의 사사로운 권력 싸움에 이용했단다. 자신들에게 위협적인 라이벌을 제거하는 데 삼별초를 동원하곤 했지.

몽골의 침입을 받고 무신 정권이 강화도로 옮겨 갈 때 삼별초도 따라갔어. 삼별초는 그곳에서 무신 정권을 호위하는 일을 했단다. 간간이 육지에 나와 몽골군과 싸운 적도 있지만, 육지에서 백성들이 몽골군에게 짓밟히고 있을 때 삼별초는 대부분 무신 정권의 호위병 노릇을 하고 있었어. 삼별초는 백성을 위한 군대라기보다는 무신 정권에 의한, 무신 정권을 위한 군대였던 거야.

무신 정권이 개경 환도에 반대했다고 했지? 겉으로는 애국심을 내세웠지만 속셈은 권력을 잃을까 봐 그랬다고 했어. 그럼 삼별초는 개경 환도에 찬성했을까? 아니, 반대했단다. 왜냐하면 무신 정권의 충실한 군대 노릇을 한 경력 때문에 처벌을 받을까 봐 두려워서였지.

삼별초가 강화도에서 나오지 않자, 고려 왕 원종은 삼별초의 해산 명령을 내리고 그 명단을 압수했단다. 그러자 삼별초는 반란을 일으켰어. 역사에 기록된 삼별초의 항쟁은 이렇게 시작되었단다.

몽고정 비석
몽고정은 일본 원정에 나선 몽골군이 합포(지금의 경상남도 마산)에 머물렀을 때 만든 우물이라고 해. 원래 이름은 고려정이었는데 일제 시대에 몽고정이라는 비석을 세우면서 몽고정이라 불리게 되었다는구나.

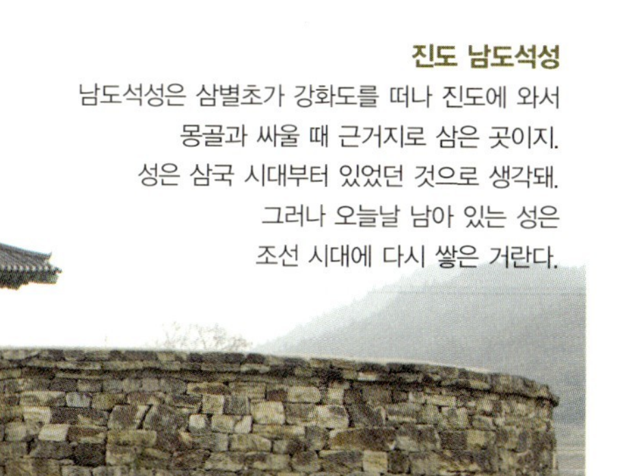

진도 남도석성

남도석성은 삼별초가 강화도를 떠나 진도에 와서
몽골과 싸울 때 근거지로 삼은 곳이지.
성은 삼국 시대부터 있었던 것으로 생각돼.
그러나 오늘날 남아 있는 성은
조선 시대에 다시 쌓은 거란다.

진도로 간 삼별초

삼별초는 새 조정을 만들었어. 새로 왕을 세우고, 관리도 새로 뽑았지. 또 하나의 무신 정권을 탄생시킨 셈이야. 그 우두머리는 배중손이었어.

배중손이 지휘하는 삼별초는 강화도를 떠나 남쪽에 있는 섬, 진도로 가기로 했어. 강화도에서는 오래 버틸 수 없다고 생각했기 때문이야. 강화도에서 진도로 떠난 삼별초의 배가 무려 1천 척이었다고 하니, 얼마나 많은 사람과 물자가 실려 갔는지 짐작이 가는구나.

몽충

몽충은 몽골과 고려 조정의 연합군이 진도에 있는 삼별초를 공격할 때 활약한 전함이야. 날아오는 적의 화살을 피할 수 있도록 지붕을 덮은 배였어. 사진은 중국 송나라의 《무경총요》라는 책에 실린 몽충의 그림이란다.

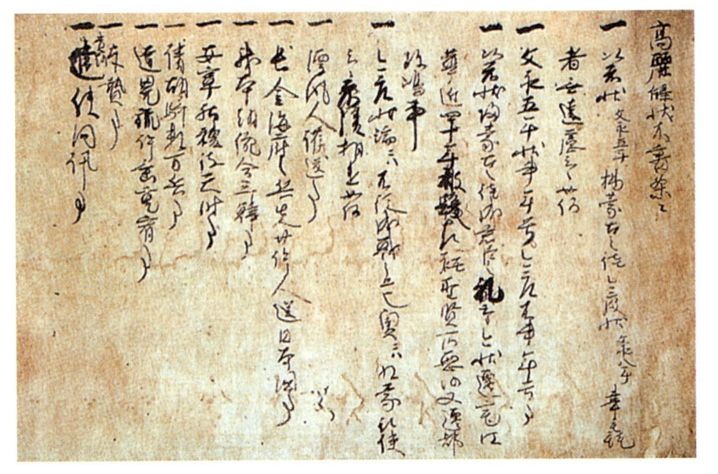

일본의 삼별초 관련 문서

삼별초가 보낸 편지를 받은 일본이 몇 가지 의문점을 정리해 놓은 '고려첩장불심조조'라는 문서야. 예전에 고려 조정이 보낸 문서는 몽골을 칭송했는데, 삼별초가 보낸 문서는 몽골을 적대시하고 있는 데다가 진도로 천도했다고 했기 때문에 일본으로서는 혼란스러웠던 것이지. 이 문서는 1271년에 쓴 것인데 7백여 년 뒤인 1977년 일본 도쿄대학교에서 발견되었어.

진도는 우리나라에서 세 번째로 큰 섬이란다. 농사지을 땅이 제법 많은 데다가, 남해안과 진도를 가로지르는 바다는 울돌목이라 하여 물살이 세기로 이름난 곳이라서 방어하기에 좋았어. 훗날, 임진왜란 때 이순신 장군이 왜군을 무찌른 명량해전이 바로 이곳 울돌목에서 벌어진 싸움이란다.

진도에 도착한 삼별초는 성을 쌓고 궁궐을 지었어. 그러고는 탐라(제주도)를 비롯한 근처 섬들을 수중에 넣고 전라도, 경상도 지방까지 위협했어. 수도로 올라가는 조운선을 공격해 막대한 재물을 빼앗는 바람에 조정은 세금을 거두지 못해 골치를 앓았단다.

삼별초는 몽골이 일본을 정벌할 배를 만들려고 고려 땅에 세운 조선소를 공격하여 배를 불태워 버렸어. 또, 일본에 편지를 보내 함께 몽골과 싸우자고 제안하기도 했단다. 하지만 일본과 협력하는 일은 성사되지 못했어.

탐라에서 벌어진 마지막 전투

삼별초의 항쟁이 좀처럼 누그러질 기미를 보이지 않자 고려 조정과 몽골은 삼별초를 토벌하기로 결정

삼별초의 최후

몽골과 고려의 연합군이 총공격을 하자 삼별초는 위기에 빠졌어.
삼별초는 진도에서 탐라(제주도)로 근거지를 옮겨 싸움을 계속했지만,
힘이 다해 패하고 말았단다.
결국 4년에 걸친 삼별초의 항쟁은 막을 내렸어.

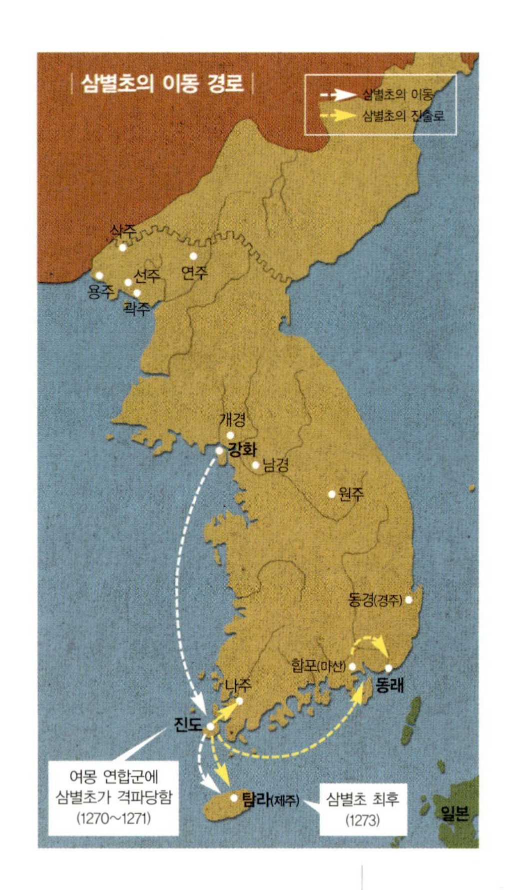

했어. 몽골은 그렇다 치고, 어떻게 같은 나라 사람인데 고려 조정이 삼별초를 토벌할 수 있냐고?

삼별초는 고려 조정을 근본적으로 부정하는 위험한 존재였어. 더욱이 삼별초를 지지하는 백성들의 움직임이 날로 거세지고 있었어. "진도에 있는 임금이 진짜 임금이다."라는 소문이 퍼져 나가고 있었단다. 그래서 고려 조정은 삼별초를 그냥 내버려 둘 수가 없었던 거야.

1271년 5월, 몽골과 고려 조정의 연합군이 진도를 공격했어. 빗발치는 불화살 아래 진도는 순식간에 불바다가 되었단다. 배중손은 죽고, 김통정이 지휘를 이어받아 삼별초는 탐라로 근거지를 옮겼어.

2년 뒤, 이번엔 탐라가 불바다가 되었어. 고려와 몽골 연합군은 160척의 전함을 타고 탐라로 몰려들었어. 불 뿜는 격전이 벌어졌지만, 삼별초는 힘이 다해 패하고 말았단다. 김통정은 부하 70여 명과 한라산으로 들어가 끝까지 싸우다가 스스로 목숨을 끊었어. 결국, 4년에 걸친 삼별초의 항쟁은 막을 내렸단다.

엄마는 학생 시절에 삼별초야말로 민족정신과 자주정신의 꽃이라고 배웠어. 삼별초가 무신 정권의 호위병으로 출발했으며, 항쟁을 하게 된 동기도 실은 민족이나 자주하고는 별 상관이 없다는 것을 교과서는 가르쳐 주지 않았단다. 엄마의 학생 시절은 군인 출신 정치가들이 우리나라를 다스리던 때였어. 그때 정치가들은 나라와

민족을 위해 몸 바치는 헌신적인 군인의 이미지가 필요했을 거야. 그래서 삼별초를 그저 칭찬만 한 게 아닐까 싶구나.

자, 그럼 삼별초에 대한 공정한 평가는 무엇일까? 출발은 분명 민족이나 자주정신과는 상관없는 것이었어. 하지만 4년 동안이나 싸우면서 삼별초는 몽골과 항쟁하는 유일한 군대로 백성들의 지지와 사랑을 받았어. 삼별초가 패한 뒤로는 이들처럼 몽골과 정면으로 맞서 싸운 군대가 없었단다. 삼별초의 출발과 이후의 변화, 그 전부를 알게 된 세운이는 이제 올바른 평가를 내릴 수 있을 거야.

제주 항파두리성

삼별초가 몽골군과 끝까지 싸운 곳이야. 항파두리성은 제주도 말로 '철옹성'이라는 뜻이야. 그래서인지 7백여 년이 지난 지금까지도 온전하게 남아 있구나. 위는 흙으로 쌓은 외성이고, 아래는 돌로 쌓은 내성이야.

?!

임시 수도 강화도

갑곶진 고려 23대 왕 고종이 몽골군을 피해 강화도로 건너갈 때, "갑옷을 벗어 깔면 얼마든지 건널 수 있을 만큼 좁고 얕다."고 말한 데서 갑곶이라는 이름을 얻었단다.

강화도에 있는 고려 궁지에 가 본 기억 나니? 고려의 임시 궁궐이 있었던 자리란다. 개경의 궁궐이 평지가 아니라 송악산을 끼고 비스듬한 언덕에 자리 잡았던 것처럼 강화도의 고려 궁지도 높직한 언덕에 자리 잡고 있어.

최씨 무신 정권은 임시 수도 강화도에 개경을 그대로 옮겨 놓으려 했단다. 그래서 개경의 궁궐을 본떠 궁궐을 짓고 성을 쌓았으며, 절도 지었어. 건물이나 시설의 이름도 개경의 것을 따서 지었지. 그런 다음 최씨 무신 정권은 전쟁은 아랑곳없이 호화로운 생활을 했어. 《고려사절요》에는 최우의 화려한 잔치 장면이 이렇게 실려 있단다.

"최우가 집안사람들과 신하를 불러 잔치를 열었는데 산더미 같은 비단으로 장막을 만들고 가운데 그네를 매었다. 온갖 꽃으로 장식하고 은 단추와 자개를 붙였다. …… 악공들이 호화롭게 단장하고 풍악을 연주하니 거문고, 북, 피리 소리가 천지를 울렸다. 최우는 악공에게 은 덩어리를 주고 기생, 광대 들에게 비단을 주었다. 그 비용이 수만에 이르렀다."

강화도는 39년 동안 고려의 임시 수도였어. 그래서 당시의 유적과 유물이 많이 남아 있단다. 유명한 《팔만대장경》도 강화도가 임시 수도였던 시절에 만든 거야.

강화도 고려 궁터 무신 정권이 개경에서 강화도로 수도를 옮기고 궁궐을 지었던 곳이야. 사진에 보이는 건물은 최근에 복원한 건물이고, 고려 궁궐은 사라지고 없단다.

곤릉 몽골 침입 때 고려의 왕이었던 고종의 어머니 원덕 태후의 능이야. 임시 수도 강화도에서 세상을 떠나 강화도에 묻혔지.

고려 사람들의 마음이 담긴 팔만대장경과 상감 청자

1251년

고려 사람들은 어째서 나라의 운명이 바람 앞의 촛불처럼
위태로울 때마다 대장경을 만들었을까? 고려는 불교를 숭상한 나라였어.
그래서 어려운 일이 생기면 부처에게 의지하여 위기를 극복하려고 했지.
불교 경전을 모아 대장경을 만드는 것은
부처의 가호를 받아 나라의 위기를 극복하려는 마음의 표현이었단다.

1170년
고려 시대
무신 정변 일어남

1198년
고려 시대
노비 만적, 개경에서 봉기

1232년
고려 시대
강화도로 수도를 옮김

1251년
고려 시대 고려 대장경(팔만대장경) 완성

해인사에 가 보았니? 해인사는 경상남도 합천에 있는 이름난 절이야.
이곳에는 국보가 둘 있단다. 하나는 팔만대장경이고,
다른 하나는 팔만대장경을 보관하는 창고인 장경각이야.
팔만대장경을 보관하는 장경각이
유네스코의 세계문화유산으로 등록되어 있다는 건 너도 잘 알고 있을 거야.
유네스코는 유엔에 속해 있는 교육과학문화기구인데,
세계 각국의 문화재 중에서 보존 가치가 높은 것을
세계문화유산으로 정해 보호하고 있어.
우리나라의 문화재 중에는 고인돌, 불국사, 석굴암, 경주 유적, 해인사 장경각,
종묘, 수원 화성 등이 세계문화유산으로 등록되어 있단다.
팔만대장경과 상감 청자는 고려를 대표하는 문화재로 널리 알려져 있어.
그러나 이것이 고려 문화의 전부는 아니란다.
따지고 보면 상감 청자는 지배층의 문화야. 고려에는 지배층의 문화뿐 아니라
다양한 문화가 공존하고 있었다는 걸 잊지 않았으면 좋겠구나.
그럼, 오늘은 고려를 대표하는 문화재인 팔만대장경과 상감 청자에 대하여 알아보자.

1281년
고려 시대
일연 《삼국유사》 펴냄

1351년
고려 시대
공민왕 즉위

1364년
고려 시대
문익점, 원에서 목화씨를 가져옴

요즘은 책을 만들 때 인쇄기를 돌려 대량으로 찍어 내지만, 옛날에는 목판이나 활판을 만들어서 먹물을 묻혀 종이에 한 장 한 장 찍어 냈어. 지금 해인사 장경각에 보관되어 있는 팔만대장경은 대장경을 찍기 위해 만들어 놓은 목판들이란다. 대장경이란 불교의 경전인 불경들을 모아 책으로 만든 것을 말해.

팔만대장경이란 이름은 왜 붙었을까? 목판의 수가 8만 장이라서? 으음, 사실은 '많다'는 뜻을 나타내는 이름이야. 불교에서는 '많다'는 뜻을 나타낼 때 '8만'이란 숫자를 쓴단다. 그리고 목판의 앞뒤로 글자를 새겼기 때문에 목판 수는 약 8만 장이지만 실제로

해인사 장경각
팔만대장경을 보관해 놓은 장경각이야. 해인사의 가장 안쪽에 자리하고 있단다. 전해 오는 이야기에 따르면, 장경각 하늘 위로는 새 한 마리 날아다니지 않고 담 안으로는 낙엽 한 장 떨어지지 않는대. 팔만대장경을 보호하기 위해 자연도 돕는다는 뜻이 담긴 얘기겠지?

는 그 두 배인 16만 장의 분량이야.

목판을 만드는 과정은 매우 까다롭고 어려웠어. 질 좋은 나무를 적당한 크기로 잘라서 바닷물에 담가 두었다가, 소금물로 쪄서 기름기를 완전히 뺀 다음, 몇 년 동안 그늘에서 말린 뒤 대패질을 해서 다듬는단다. 그 위에 한 자 한 자 글씨를 새기고, 목판이 뒤틀리지 않도록 네 모서리에 구리판을 덧대었지. 이렇게 만든 목판이 약 8만 1,260장, 새겨진 글자 수가 무려 5,272만 9천 자란다.

나라가 위태로울 때마다 만든 대장경

이토록 어렵고 복잡한 과정을 거친 팔만대장경은 몽골의 침입 때 임시 수도인 강화도에서 만들어졌어. 나라가 전쟁으로 쑥대밭이 되었는데 대장경이라니, 무슨 한가한 소리냐고? 그럴 여유가 있으면 한 사람이라도 더 나가 싸워야 하지 않냐고? 그 말이 맞을 성싶다. 그런데 이상하게도 고려 사람들은 외적의 침입을 받아 나라가 위태로울 때마다 대장경을 만들었단다.

대장경판(복제품)
–강화역사박물관

고려 최초의 대장경은 거란의 침입 때 만들어졌어. 이것을 처음 만든 대장경이란 뜻에서 '초조대장경'이

2 글자의 모양대로 하나 하나 새겨.
1 인쇄할 글자를 종이에 써서 목판에 붙여.
3 판이 뒤틀리지 않도록 모서리마다 구리판을 붙여.
4 인쇄할 종이를 놓고 솜뭉치에 먹을 묻혀 가볍게 두드려서 찍어 내.

목판으로 인쇄하는 과정

라고 불러. 초조대장경은 거란군에게 수도를 함락당하고 왕이 전라남도 나주까지 피난 간 위태로운 상황에서 만들기 시작했단다. 완성된 초조대장경은 대구에 있는 절 부인사에 보관되어 있었는데, 몽골군의 침입 때 그만 불타 버렸지. 불타 버린 초조대장경 대신 새로 만든 것이 바로 팔만대장경이야.

고려 사람들은 어째서 나라의 운명이 바람 앞의 촛불처럼 위태로울 때마다 대장경을 만들었을까? 고려는 불교를 숭상한 나라였어. 그래서 어려운 일이 생기면 부처에게 의지하여 위기를 극복하

* 初 처음 초
雕 새길 조

해인사
가야산 기슭에 자리 잡은 해인사는 신라 때 창건되었어. 일곱 번이나 큰 화재를 만나 창건 때의 건물들은 대부분 불타 없어지고 새로 지었단다. 하지만 조선 시대에 지은 장경각은 한 번도 불타지 않고 오늘날까지 옛 모습을 보여 주고 있어.

려고 했지. 불교 경전을 모아 대장경을 만드는 것은 부처의 가호를 받아 나라의 위기를 극복하려는 마음의 표현이었단다. 그 때문에 어려움을 무릅쓰고 대장경을 만들었던 거야.

팔만대장경을 만드는 데는 어마어마한 돈과 수많은 사람들의 노동력이 들어갔어. 나무를 베는 나무꾼, 나무를 운반하는 사람, 글자를 새기는 사람, 교정을 보는 사람 등등 기술자와 백성들이 총동원되다시피 했어. 돈을 낸 사람도 많았어. 최우를 비롯한 무신 정권의 우두머리부터 평범한 백성에 이르기까지 시주를 했단다. 이들의 이름은 간단한 사연과 함께 목판에 새겨졌어.

"여신도 김씨가 부모를 위해."

"부모님께서는 극락에서 편안히 사소서."

팔만대장경에는 당시 사람들의 마음이 담겨 있단다. 몽골군이 물러나기를 바라는 마음, 부모의 평안을 비는 마음 등 말이다.

팔만대장경의 위기

팔만대장경은 강화도 선원사에 보관되어 오다가 조선 태조 때 합천 해인사로 옮겨졌어. 팔만대장경이 오늘날까지 상하지 않고 보존될 수 있었던 것은 뛰어난 건축 기술로 지은 장경각 덕분이야. 목판으로 된 팔만대장경을 보관하는 데 가장 주의해야 할 점은 습도인데, 장경각은 그 위치가 세 계곡이 만나는 지점에 자리 잡고 있어서 바람이 늘 불어온단다. 바람은 8만 장이 넘는 목판 사이사이를 골고루 누비고 다니면서 습도를 조절해 준다고 해. 환풍기나 공기 청정기를 쓰지 않고도 자연 조건을 과학적으로 이용할 줄 알았던 조상들의 지혜가 놀랍지 뭐냐.

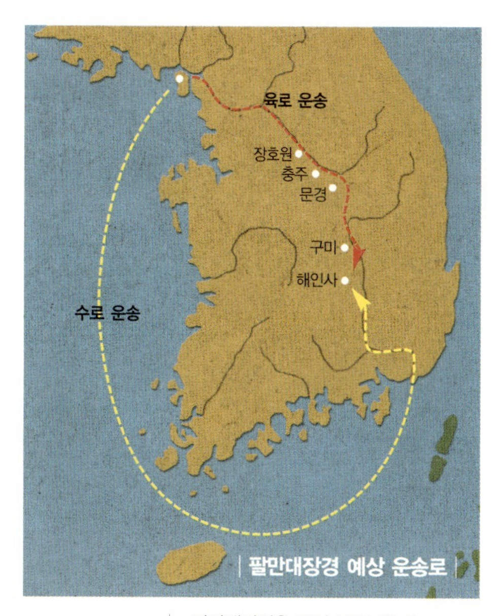

| 팔만대장경 예상 운송로 |

팔만대장경은 조선 태조 때 서울의 지천사로 옮겼다가 다시 합천 해인사로 옮겼다고 생각되고 있어. 어떤 길로 옮겼을까? 서해안과 남해안을 따라 바닷길로 갔다고도 하고, 남한강을 따라 내려가서 육로로 문경새재를 넘어 다시 낙동강을 타고 갔다고도 해.

성리학

유학의 한 갈래인 성리학은 고려 말에 들어왔어. 안향, 이색, 정몽주 등이 고려 시대의 대표적인 성리학자란다. 성리학은 조선 시대에 나라를 다스리는 중심 사상이 되었지. 성리학은 '주자학', '송학'이라고도 해. 송나라 때 학자 주희가 집대성했기 때문이야.

그런데 하마터면 팔만대장경이 일본으로 갈 뻔한 적이 있었어. 조선 세종 때였단다. 너도 알다시피, 조선은 불교를 배척하고 성리학을 숭상하지 않았니? 당시 일본은 팔만대장경을 보내 달라고 줄기차게 요청하고 있었어. 세종은 '몽땅 주어도 아까울 것 없다.' 면서 팔만대장경을 넘겨주려 했어. 그런데 신하들

중에서 일본의 요청을 마냥 들어주다가 나중에 줄 수 없는 물건을 달라고 하면 어쩌겠느냐는 반대 의견이 나와 그만두게 되었어.

팔만대장경이 또 한 번 위기를 맞은 적이 있어. 6 · 25 전쟁 때였단다. 해인사가 자리 잡고 있는 가야산에 북한군이 숨어들었으니 해인사 일대를 폭격하라는 명령이 내려졌단다. 명령을 받은 공군 편대장은 팔만대장경을 잿더미로 만들 수는 없다고 결심하고 명령을 거부했다고 해. 그 공군 편대장이야말로 훌륭한 군인이 아닌가 싶구나. 그가 아니었다면 팔만대장경은 잿더미가 되어 영영 사라지고 말았을 테니까.

천하제일 고려청자

청자의 우아한 자태와 은은한 푸른색은 기품 넘치는 귀부인 같아. 고려에 왔던 송나라 사신 서긍이 쓴 《고려도경》에는 이런 구절이 있어.

"고려 사람들은 도기 중 푸른빛을 띠는 것을 비색이라고 한다."

또, 송나라의 태평노인이란 사람은 이렇게 말했단다.

"고려의 비색은 천하제일인데 다른 곳에서는 따라 하고자 해도 도저히 할 수 없는 것들이다."

송나라 청자도 훌륭하기로 이름나 있었건만, 고려청자를 '천하제일'이라고 칭찬하고 있어. 자부심이 강하기로 유명한 중국인들이 남의 나라 물건을 이렇게 칭찬하는 건 퍽 드문 일이란다.

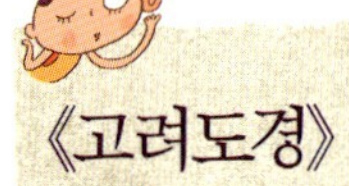

《고려도경》

중국 송나라 사신 서긍이 고려에 다녀간 뒤 기록한 견문기야. 원래 이 책은 그림과 글로 이루어져 있었는데, 아쉽게도 그림 부분은 남아 있지 않단다.

● 여러 가지 청자 –국립중앙박물관

청자 상감 대나무 학 무늬 매병
매병은 주둥이가 좁고 어깨 부분은 풍만하며 허리는 가늘어지는 모양의 병을 말해.

청자 상감 국화 넝쿨무늬 완
완은 바닥이 좁은 작은 사발이란 뜻이야.

청자 양각퇴화 여의두 연꽃무늬 병
병은 몸통에 비해 주둥이가 좁은 형태를 말해.

청자 양각 모란 넝쿨무늬 막새기와

청자 상감퇴화 풀꽃 무늬 주전자와 받침

청자 투각 용머리 장식 붓꽂이

청자 투각 칠보 무늬 향로

청자는 무신 정권이 들어서기 직전인 12세기 초에 최고의 전성기를 맞았어. 사발, 접시, 잔, 병, 항아리 등 생활에 쓰이는 그릇부터 불교용품, 제사용품, 화장용품, 문방구에 이르기까지 다양하게 만들어졌지. 청자로 만든 기와도 있었단다. 의종을 기억하니? 무신들에게 비참하게 죽은 왕 말야. 의종은 궁궐 동쪽에 양이정이라는 정자를 새로 지으면서 청자로 만든 기와로 지붕을 이었단다. 청자 기와는 멋들어지기는 하지만 비싸서 보통 사람들은 엄두도 못 냈을 거야.

그럼 상감 청자는 청자와 어떻게 다를까? 보통 청자는 아무 무늬

소에서 태어난 고려의 예술품

청자를 비롯하여 고려의 아름다운 예술품은 누가 만들었을까? 소라는 특별 지역에 사는 사람들이 만들었어. 고려에 향, 소, 부곡이라는 특별 행정 구역이 있었던 것은 잘 알고 있지? 각 소마다 만드는 물건이 정해져 있었단다. 청자 만드는 소, 종이 만드는 소, 먹을 만드는 소…… 이렇게 말야.

소에서 만든 물건은 수도 개경으로 실려 갔어. 현재까지 알려진 고려 시대의 소는 270여 개인데 그중 약 절반이 전라도와 충청도에 모여 있어. 왜일까? 이 지역은 바닷길을 이용해 개경까지 물건을 실어 나르기 좋았기 때문이야. 전라도 강진과 부안이 청자 생산지로 유명한 이유도 바닷길을 이용한 해상 교통이 편리했기 때문이란다. 고려의 예술품은 소에 사는 사람들의 피땀 어린 수고로 만들어진 거야.

강진의 청자 가마 터
전라남도 강진은 청자 생산지로 유명해. 품질 좋은 흙이 나고 해상 교통이 편리했기 때문이야. 청자를 생산하던 가마 터가 지금까지 90여 곳 발견되었단다.

가 없이 깨끗하고 그윽한 푸른색을 자랑한단다. 그런데 상감 청자는 청자에 '상감'이라는 기법으로 무늬를 새겨 넣은 것을 말해. 상감은 바탕 재료와 성질이 다르거나 색깔이 다른 물질로 무늬를 넣는 기법인데, 동양은 물론이고 서양에서도 오래전부터 사용해 왔어. 그러나 이것을 청자에 과감하게 적용한 것이 바로 고려 사람들이었단다. 상감 청자의 등장으로 청자는 한결 화려하고 다채로운 멋을 내뿜게 되었어.

아, 그런데 청자라고 해서 다 푸른색은 아니었어. 은은한 비색을 내는 청자는 고급품이란다. 검은색에 가까운 진녹색 청자도 많았어. 이런 청자는 고급품은 아니고, 일상생활에서 널리 쓰였단다.

?!

조상들의 인쇄술

국립청주박물관

《직지심체요절》(복제품)과
홍덕사(아래)

흔히 '직지심경'이라 부르는 이 책의 원래 제목은 '백운화상초록불조직지심체요절'. 줄여서 '직지'라고도 해. 원래 상하 두 권이었지만 현재 프랑스 파리 국립도서관에 하권만 남아 있어.
청주 흥덕사는 《직지심경》을 찍은 곳이야. 사진의 건물은 불타 없어졌던 것을 최근에 복원한 것이란다. 바로 옆에 고인쇄박물관이 있어.

인쇄소에 가 본 적 있니? 요란한 소리를 내면서 빠르게 돌아가는 기계가 쉴 새 없이 종이를 토해 내면 종이에는 어느새 예쁜 그림과 글자들이 찍혀 나오지. 요즘은 몇 천 권의 책도 이렇게 기계를 이용하여 순식간에 찍어 낼 수 있어. 그러나 옛날에는 글자판에 먹물을 묻혀서 손으로 한 장 한 장 찍어 냈단다. 시간과 노력이 참 많이 들었겠지?

글자판을 만드는 데도 많은 노력이 들었단다. 글자판에는 목판과 활판 두 가지가 있었어. 목판은 네모난 나무판에 글자를 새겨 넣고 그 위에 종이를 덮어 찍어 내는 것이란다. 미술 시간에 해 본 판화와 같은 원리야. 목판은 한번 만들어 두면 몇 번이고 되풀이하여 찍어 낼 수 있지만, 만들기가 어렵고 보관하기도 힘들었어. 또, 하나의 목판으로는 한 가지 책만 찍을 수 있었지. 다른 책을 만들려면 다른 목판을 새로 준비해야 했단다.

이런 문제점을 극복하기 위해 만들어 낸 것이 활판이란다. 활판은 글자가 한 자씩 따로 떨어져 있는 활자를 만들어 두었다가 그때그때

활자 틀 만들기 나무에 한 글자씩 새겨서 활자 틀을 만들어.

쇳물 붓기 활자 틀을 이용하여 만든 거푸집에 쇳물을 부어 식으면 다듬어서 활자를 완성시켜.

판 짜기 인쇄할 때에는 책 내용에 따라 활자를 하나씩 판에 넣어 인쇄판을 완성해.

찍기 종이에 찍어 내지.

필요한 활자를 골라 판을 짜면 되었어. 활자에는 나무로 만든 목활자, 금속으로 만든 금속 활자, 찰흙으로 만든 활자 등이 있었단다. 고려는 일찍부터 금속 활자를 만들어 썼어. 독일의 구텐베르크가 만든 금속 활자보다 먼저였단다. 현재 프랑스 파리의 국립 도서관에는 1377년 고려에서 만든 금속 활자로 찍은 책 《직지심체요절》이 보관되어 있단다. 이 책은 금속 활자로 찍은 책 중에 세계에서 가장 오래된 것이야.

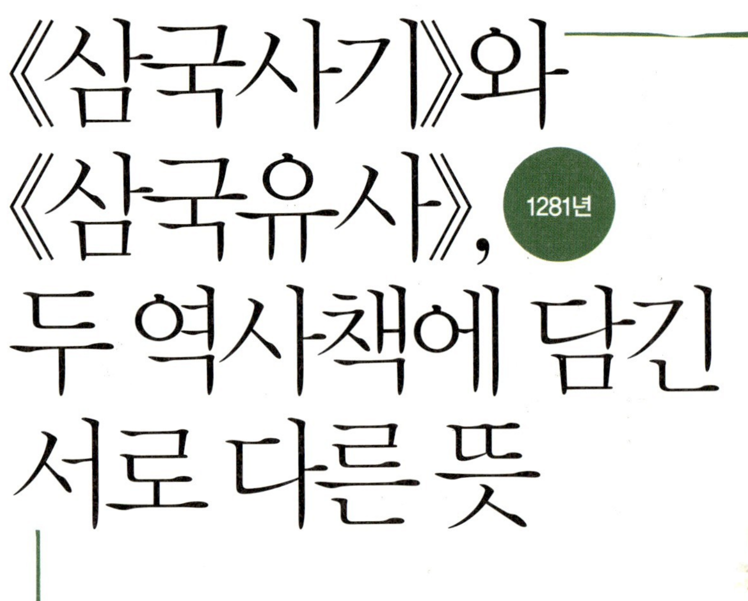

《삼국사기》와 《삼국유사》, 두 역사책에 담긴 서로 다른 뜻

1281년

유학자인 김부식은 유교의 관점에서 《삼국사기》를 썼단다.
공자의 가르침에 따라 충과 효를 가장 중요하게 여기고,
귀신에 관한 것이나 믿을 수 없는 괴이한 것은 기록하지 않았어.
《삼국사기》에 단군이야기가 실려 있지 않은 것은 그 때문이야.
유학자 김부식이 보기에 단군왕검 이야기는 믿을 수 없는 괴이한 일이었거든.
하지만 《삼국유사》에는 단군왕검 이야기가 기록되어 있어.

1170년
고려 시대
무신 정변 일어남

1198년
고려 시대
노비 만적, 개경에서 봉기

1232년
고려 시대
강화도로 수도를 옮김

1251년
고려 시대
고려 대장경(팔만대장경) 완성

엄마는 그동안 고조선부터 고려에 이르는 우리 역사를 얘기하면서
《삼국사기》와 《삼국유사》라는 두 역사책을 자주 들먹였어.
그때마다 세운이는 《삼국사기》와 《삼국유사》가
대체 어떤 책일까, 하고 매우 궁금했을 거야.
오늘은 이 두 역사책에 대해 얘기해 주마. 오늘날 남아 있는 우리의 옛 역사책은
그리 많지 않아. 《삼국사기》와 《삼국유사》는 둘 다 고려 때 쓰인 역사책인데,
주로 다루고 있는 내용은 삼국 시대란다.
《삼국사기》와 《삼국유사》는 얼마 남아 있지 않은 옛 역사책 중에서도
특별히 귀한 것으로 손꼽히고 있어.
왜냐하면 《삼국사기》는 오늘날 남아 있는 우리 역사책 중에서 가장 오래된 것이고,
《삼국유사》는 《삼국사기》에 없는 단군왕검 이야기가 실려 있기 때문이야.
둘 다 고려 시대 이전의 역사를 알게 해 주는 귀중한 자료지.
자, 그럼 《삼국사기》와 《삼국유사》가 어떻게 탄생했는지,
두 책의 차이점은 무엇인지 알아보기로 하자.

1351년
고려 시대
공민왕 즉위

1364년
고려 시대
문익점, 원에서 목화씨를 가져옴

1281년
고려 시대 일연 《삼국유사》 펴냄

언젠가 엄마가 말했지? 역사책은 누가, 어떤 생각으로 썼느냐에 따라 내용이 달라진다고 말야. 누가, 어떤 생각으로 썼느냐를 어려운 말로 '사관'이라고 해. 역사를 바라보는 눈이라는 뜻이지. 사람이 누구나 각자의 눈을 갖고 있듯이 사관은 누구나 가질 수 있고, 또 사람마다 다를 수 있단다. 똑같은 사건을 두고 전혀 다른 해석과 평가가 나오는 것은 바로 사람마다 사관이 다르기 때문이야.

* 史 사기 사
觀 볼 관

사관은 그 사람이 살아온 환경과 매우 관계가 깊단다. 환경의 영향을 받지 않는 사람은 없기 때문이야. 그래서 역사책을 읽을 때는 그 책을 누가 썼는지, 그 사람은 어떤 환경에서 살았으며, 어떤 사관을 가졌는지, 또 어떤 이유에서 그 책을 썼는지 알고 읽는 것이 내용을 이해하는 데 큰 도움이 돼.

《삼국사기》는 유학자인 김부식이 썼어. 《삼국유사》는 스님인 일연이 썼고. 그럼 유학자 김부식과 스님 일연이 어떤 사람이었는지, 어떻게 해서 역사책을 쓰게 되었는지 알아보자.

문벌 귀족 김부식과 《삼국사기》

1145년 음력 12월 22일, 김부식은 지난 몇 년 동안 심혈을 기울여서 완성한 《삼국사기》를 인종에게 바쳤어. 왕은 수고했다고 칭찬하면서 꽃과 술을 내려 주었단다. 문득 김부식의 머릿속에는 인종으로부터 새 역사책을 쓰라는 서릿발 같은 명령을 받던 날이 떠올랐어.

"지금의 선비와 벼슬아치들은 중국의 유교 경전과 중국의 역사는 잘 알고 있소. 그러나 우리나라 역사에 대해서는 오히려 잘 알지 못하니 몹시 한탄스러운 일이오. 신라, 고구려, 백제의 삼국 역사가 중국 역사책에 실려 있긴 하나 중국에 대해서는 상세하지만 우리에 대해서는 대강만 기록해 놓았소. 또한 그에 관한 우리의 옛

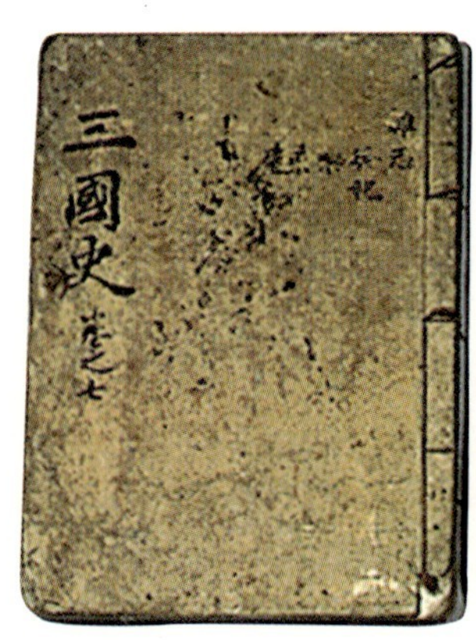

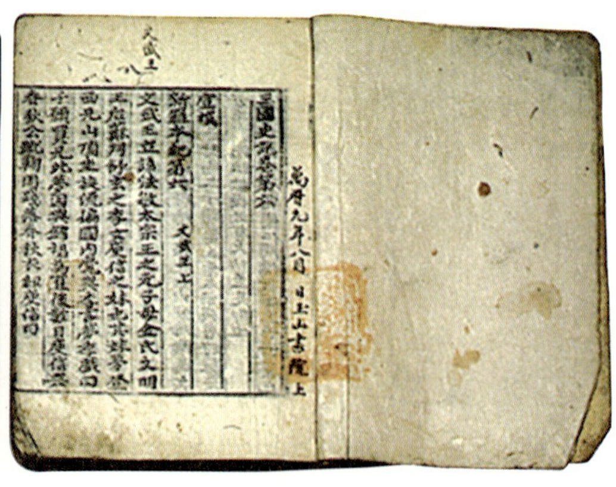

《삼국사기》
왕의 명령을 받고 김부식이 젊은 학자들과 함께 만든 역사책이야. 지금까지 전해 오는 우리 역사책 중에서 가장 오래된 것이란다. 사진의 《삼국사기》는 조선 시대에 다시 인쇄한 거야.

기록은 표현이 거칠고 졸렬하며 빠진 것이 많소. 그래서 왕과 왕비의 잘잘못이나 신하의 충성과 사악함, 나라의 안정과 위태로움, 백성의 다스려짐과 어지러움이 정확하게 드러나지 않고 교훈을 남길 수도 없소. 재주와 학문이 뛰어난 사람을 얻어 역사를 완성하여 만대에 물려주어 해와 별처럼 빛나게 해야겠소."

왕의 말을 들은 김부식의 가슴은 터질 듯 벅차올랐어. 일흔 살이 넘어 벼슬에서 이미 은퇴한 자신에게 역사 편찬이라는 중대한 임무를 맡기다니, 왕이 자신을 특별히 배려하는 것임에 틀림없었어.

그로부터 약 3년 동안 김부식은 자기 집을 일터로 삼아 역사 편찬에 몰두했어. 우수한 성적으로 과거에 급제한 재기 발랄한 젊은 후배 여덟 명이 그를 도와 함께 작업을 했지. 작업에 필요한 각종 도구와 물품, 비용은 모두 나라에서 대주어 아무 불편이 없었어.

김부식은 당대의 내로라하는 문벌 귀족이었어. 1075년 경주에서 태어난 그는 경주 김씨로 신라 왕실의 후손이었단다. 그의 형제는 모두 다섯 명이었는데, 한 사람은 승려가 되었고 나머지 네 명은 모두 과거 급제를 했으며, 그중 세 명은 재상의 자리까지 올랐단다. 김부식은 묘청의 서경 천도 운동을 진압한 다음 최고의 부귀영화를 누리다가 정년 퇴임을 18개월 남겨 놓고서 사직서를 내고 은퇴했어. 《삼국사기》를 완성한 김부식은 5년 뒤에 세상을

김부식 영정
김부식은 당시 최고의 유학자이면서 내로라하는 문벌 귀족이었어.

《삼국사기》 편찬
유학자였던 김부식과 과거에 급제한 후배들에게는 나라에서 대준 물품 중에서도 책이 가장 큰 도움이 되었을 거야. 이들은 많은 자료들을 꼼꼼하게 검토하면서 《삼국사기》를 편찬했어.

떠났단다.

김부식이 《삼국사기》를 쓴 때는 문벌 귀족 세력이 막강한 힘을 떨치던 때야. 김부식은 유교 중심으로, 또 문벌 귀족 중심으로 나라를 안정되게 다스리기 위해서는 이전 시대의 역사를 총정리하는 것이 필요하다는 생각에서 《삼국사기》를 썼어.

몽골 전쟁을 겪은 뒤 쓴 일연의 《삼국유사》

《삼국사기》가 편찬된 지 약 140년 뒤인 1281년경, 일흔다섯 살의 일연 스님은 《삼국유사》를 썼어. 오랜 시간 정성 들여 수집한 자료를 바탕으로 공들여 쓴 책이었지. 곁에

운문사
충렬왕 때 운문사 주지가 된 일연은 당시 몽골의 지배를 받고 있는 나라와 백성들에게 희망을 심어 주기 위해 이곳에서 《삼국유사》를 쓰기 시작했다고 해. 절 동쪽에 일연의 행적비가 있었다고 하는데, 지금은 없다는구나.

서 도와준 제자들의 힘도 컸어. 일연 스님의 눈앞에는 지난 수십 년간 겪은 일들이 스쳐갔어.

일연은 1206년 경상북도 경산에서 태어나 아홉 살에 출가했단다. 승려가 되기 전의 성은 김씨, 이름은 견명이었어. 일연이 스물다섯 살 때, 고려는 몽골의 침입을 받아서 온 나라가 잿더미로 변했어. 일연은 전쟁의 회오리 속에서 고통당하는 백성들을 안타까운 마음으로 바라보았지.

일연은 비슬산에서 20여 년간 수도를 한 뒤, 사십 대가 되어 팔만대장경을 만드는 일에 참여했어. 그 후 강화도에 있는 선월사의 주지가 되었단다. 얼마 뒤, 무신 정권이 무너지고 몽골과 강화가 맺어졌으며, 왕정 복고와 개경 환도가 이루어졌어. 그리고 고려는 원나라의 사위 나라가 되어 지배를 받게 되었지.

일연은 국존으로 책봉되어 왕이 문무백관을 거느리고 절하는 의례를 할 만큼 존경을 받았단다. 그러나 일연의 가슴속에는 젊은 시

일연 영정
일연이 쓴 《삼국유사》는 널리 전해 오는 설화와 신화, 불교 고승에 관한 이야기들을 모아 만든 책이야. 당시 고통받는 백성들에게 위안을 줄 수 있는 이야기들을 모은 것이지.

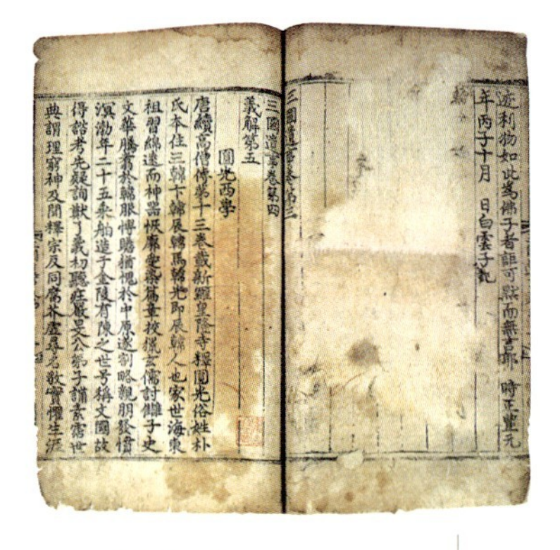

《삼국유사》
단군왕검 이야기를 비롯하여 《삼국사기》에서는 찾아볼 수 없는 내용들이 많이 실려 있단다.

절부터 눈으로 보고 귀로 들은 나라와 백성들의 아픔이 간직되어 있었단다. 일연은 몽골의 지배를 받고 있는 나라와 백성들에게 꼭 필요한 것은 희망이라고 생각했어. 그래서 자기가 보고 들은 이야기를 책으로 썼지. 그것이 《삼국유사》란다. 《삼국유사》를 쓴 지 약 12년 뒤, 일연은 세상을 떠났어.

《삼국사기》와 《삼국유사》는 어떻게 다를까?

김부식은 당대의 손꼽히는 유학자였어. 유학자인 김부식은 유교의 관점에서 《삼국사기》를 썼단다. 공자의 가르침에 따라 충과 효를 가장 중요하게 여기고, 귀신에 관한 것이나 믿을 수 없는 괴이한 것은 기록하지 않았어. 《삼국사기》에 단군왕검 이야기가 실려 있지 않은 것은 그 때문이야. 유학자 김부식이 보기에 단군왕검 이야기는 믿을 수 없는 괴이한 일이었거든.

하지만 《삼국유사》에는 단군왕검 이야기가 기록되어 있어. 일연은 우리 민족의 조상에 대한 이야기이니 기록해야 한다고 생각했지. 몽골의 지배를 받고 있는 고려에게 민족의 조상에 대한 긍지를 심어 주는 일은 대단히 중요하다고 생각한 거야.

또, 김부식은 고구려, 백제, 신라의 삼국 중에서 신라를 중심에 놓고, 고려는 신라를 계승한 나라라는 생각으로 썼어. 그래서 삼국 중 신라가 가장 먼저 건국되었으며, 그다음에 고구려, 백제의 순서

책을 인쇄하는 사람들
인쇄소에서 책을 인쇄하는 모습이야. 활자를 골라 판을 짜는 사람, 먹을 가는 사람, 활판 위에 종이를 얹어 인쇄하는 사람이 보이지?

라고 썼단다. 하지만 사실은 고구려가 가장 먼저 건국되고, 그다음에 백제, 신라의 순서라는 건 너도 잘 알고 있지?

신라를 중심으로 쓴 건 《삼국유사》도 마찬가지야. 그러나 《삼국유사》에는 《삼국사기》에 없는 가야나 발해의 역사가 실려 있어. 《삼국유사》에 실려 있는 '가락국기'는 오늘날 유일하게 남아 있는 가야의 역사란다. 만약 일연이 '가락국기'를 싣지 않았다면 우리는 가야에 대해 아무것도 알 수 없었을 거야.

《삼국유사》에는 김부식이 《삼국사기》에 일부러 싣지 않았거나 별로 관심을 두지 않았던 내용들, 즉 전해 내려오는 풍속, 생활, 전설, 노래 등이 풍부하게 실려 있어. 당시까지 남아 있던 고구려와 백제의 비문에 기록되어 있는 내용도 많이 실어 놓았지. 또, 불교에 관한 내용이 많아. 유명한 승려들에 얽힌 일화, 절이나 탑에 관한 전설 등이 실려 있단다.

《삼국사기》는 왕의 명령에 의해 나라에서 공식적으로 펴낸 역사

*官 벼슬 관
撰 지을 찬

*私 사사로울 사
撰 지을 찬

책이야. 《삼국유사》는 일연이 개인적으로 쓴 것이란다. 나라에서 공식적으로 만든 역사책을 '관찬 사서'라 하고, 개인이 쓴 것을 '사찬 사서'라고 해. 관찬 사서는 나라의 공식적인 역사책인 만큼 당시의 정치 상황과 필요가 깊이 반영되어 있어.

《삼국유사》는 《삼국사기》처럼 글 잘하는 인재들을 뽑아 편찬한 책이 아니기 때문에 《삼국사기》에 비해 역사책으로서 틀이 잘 짜였거나 문장이 뛰어나진 않아. 그렇지만 《삼국사기》가 일부러 뺐거나 소홀하게 넘어간 사실들을 실어 놓음으로써 당시 사회와 사람들을 이해하는 데 아주 귀중한 책이 되었어.

! 고려에도 '실록'이 있었다

'실록'은 한 사람의 왕이 왕위에 있었던 때에 일어난 일들을 시간 순서대로 기록한 역사책이야.

《조선왕조실록》이라면 너도 잘 알고 있지? 그런데 실록을 처음 만든 건 고려 때였어. 고려 4대 왕인 광종 때 역사 편찬을 담당하는 관청을 두고 담당 관리인 사관이 당대의 역사를 기록했어. 왕이 죽으면 기록해 둔 것을 기초로 하여 실록을 편찬했단다.

그런데 거란의 침입으로 개경이 불타면서 실록도 모두 불타 버렸어. 그래서 고려 태조부터 목종까지 7대 왕들의 실록을 다시 만들었단다. 이것을 《7대 실록》이라고 해. 그 후 실록은 고려가 망할 때까지 계속 편찬되었어. 조선 초에 만들어진 《고려사》는 바로 이 실록을 바탕으로 편찬된 것이란다. 그러나 유감스럽게도 《고려실록》은 오늘날 전해 오지 않아.

《삼국사기》와 《삼국유사》는 이렇게 태어난 배경이 서로 다르고 담겨 있는 사관도 다르지만, 두 책의 장점과 단점을 잘 비교하면서 읽으면 매우 유익하고 재미있단다. 우리나라 역사를 알고 싶은 사람은 이 두 책을 꼭 읽어 보라고 하고 싶구나.

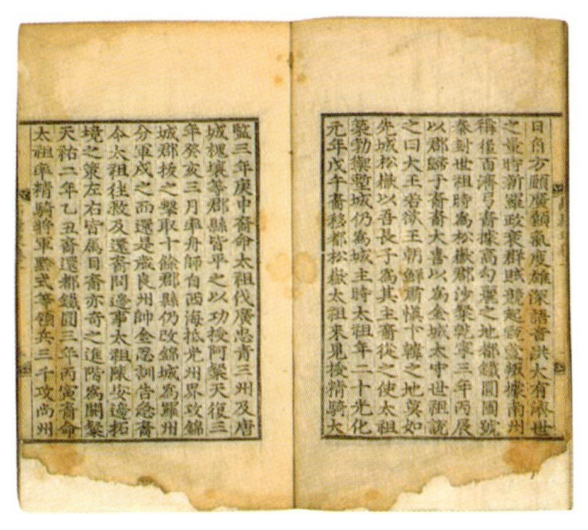

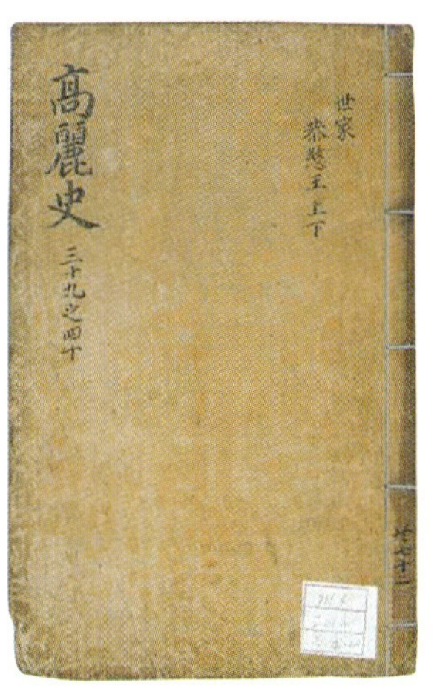

《고려사》
고려 시대에 만든 《고려실록》을 토대로 조선 시대에 만든 역사책이야.

그 많은 역사책들은 다 어디로 갔을까?

《삼국사기》는 오늘날 남아 있는 가장 오래된 우리 역사책이라고 일컬어지고 있어. 그럼 《삼국사기》 이전에는 역사책이 하나도 없었을까? 천만에, 아주 많았단다. 고구려 소수림왕 때의 《유기》 백 권, 고구려 영양왕 때의 《신집》 다섯 권, 백제 근초고왕 때의 《서기》, 신라 진흥왕 때의 《국사》, 고려 초의 《삼국사》, 고려 예종 때의 《해동비록》……. 그런데 그 많던 역사책들이 다 어디로 갔을까? 여러 번 일어난 전쟁과 화재로 불타 버렸고, 그 뒤로는 다시 만들지 못했기 때문에 오늘날 전해 오지 않는단다.

옛날에는 오늘날처럼 책을 기계로 대량 인쇄해 내지 못했어. 한 번 책을 찍으려면 많은 비용과 시간, 노력이 들어야 했지. 전쟁이나 화재로 불타 없어진 뒤 다시 찍어 내지 못한 이유는 그 때문이란다. 《삼국사기》나 《삼국유사》는 그나마 몇 번씩 다시 찍어 냈기 때문에 오늘날까지 살아남을 수 있었던 거야.

?!

'동명왕편'과 《제왕운기》

이규보의 무덤 강화도에 있단다.

역사를 장편의 시로 노래한 작품을 '서사시'라고 해. '동명왕편'과 《제왕운기》는 고려 후기에 탄생한 서사시인데, 호방한 기상과 뛰어난 문장으로 읽는 이의 마음을 감동시킨단다.

'동명왕편'은 유학자 이규보의 작품이야. 고구려를 세운 동명왕의 출생부터 고구려 건국까지의 역사를 장편의 한시로 읊은 것이란다. 동명왕은 주몽을 말해. '동명왕편'에서 유화가 주몽을 낳는 장면을 볼까?

> 해를 품고 주몽을 낳았으니 이 해가 계해년이었다
> 골상이 참으로 기이하고 우는 소리가 또한 심히 컸다
> 왕이 상서롭지 못하다 이것이 어찌 사람의 종류인가 하고
> 마구간 속에 두었더니 여러 말들이 모두 밟지 않고
> 깊은 산속에 버렸더니 온갖 짐승이 모두 지켰다

그런데 '동명왕편'은 몽골의 침입 아래서 고려인들의 민족적 긍지와 항쟁 의식을 드높이기 위해 썼다고 잘못 알고 있는 사람들이 많아. 하지만 이규보가 '동명왕편'을 쓴 때는 스물여섯 살인 1193년이었어. 그때는 무신 정권 시대로, 아직 몽골의 침입이 시작되기 전이

었단다. 따라서 몽골의 침입과 '동명왕편' 은 아무 상관이 없어.

몽골에 대항하여 고려의 긍지를 잃지 말자는 뜻이 담겨 있는 서사시는 《제왕운기》야. 《제왕운기》는 개경 환도 후 몽골의 사위 나라가 되어 몽골의 간섭을 받고 있던 1287년 충렬왕 때 유학자 이승휴가 썼어. 두 권으로 되어 있는데, 첫째 권은 중국 역사를 다루고, 둘째 권은 단군의 건국부터 삼국과 발해, 후삼국, 고려에 이르는 우리 역사를 다루었단다. 《제왕운기》의 한 대목을 보자.

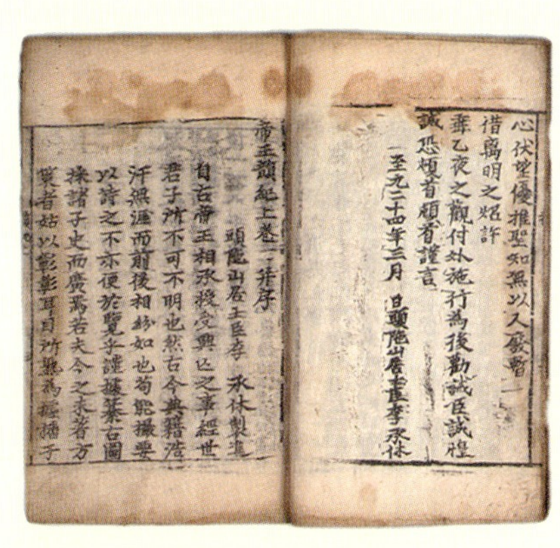
心伏望優推聖知無以人廢言
借為明之炤許
垂乙夜之觀付外施行爲後勸誠臣誠惶
誠恐頓首頓首謹言
至元二十四年三月 日 頭陀山居士臣李承休

帝王韻紀上卷 幷序
頭陀山居士臣李承休製進
自古帝王相承授受興亡之事經世
君子所不可不明也然古今典籍浩
汗無涯而前後相紛如也苟能撮要
以詩之不亦便於覽乎謹據叢古圖
採諸子史而廣焉若夫今之未著方
冊者姑以彰事耳目所覩爲標揭于

이승휴의 《제왕운기》 –동국대학교도서관

동안사 이승휴는 강원도 삼척 두타산에 들어가 용안당이란 집에서 머물며 《제왕운기》를 썼어. 호는 동안거사. 사진은 이승휴를 기리는 사당 동안사야.

> 처음에 누가 나라를 열었던고
> 제석의 손자로 이름은 단군일세
> 요임금과 같은 무진년에 나라 세워
> 순임금 시대 지나 하나라까지 왕위에 계셨도다

'동명왕편' 과 《제왕운기》는 둘 다 우리 역사를 바로 세워 고려인의 자존심을 되찾으려는 노력이었어.

공민왕의 개혁 정치

1351년

공민왕은 왜 신돈을 등용했을까?
비록 기철 일당을 쫓아내긴 했지만, 조정에는
부원배, 친원파들의 뿌리가 매우 깊게 남아 있었어.
공민왕의 뜻대로 원나라로부터 독립과 자주를 이루려면
부원배, 친원파와 아무 상관없는 참신한 인물이 앞장서서
개혁을 이끌어야 했지. 신돈은 바로 그 점에서
꼭 적합한 사람이었기 때문에 공민왕이 점찍은 거야.

1170년
고려 시대
무신 정변 일어남

1198년
고려 시대
노비 만적, 개경에서 봉기

1232년
고려 시대
강화도로 수도를 옮김

1251년
고려 시대
고려 대장경(팔만대장경) 완성

고려는 세계 최강이었던 몽골군의 침입을 당하고도 나라를 지켰어.
몽골의 침략을 받고 나라를 보존한 경우는 거의 없었단다.
비록 개경 환도 후 약 백 년 동안 몽골의 간섭과 지배를 받긴 했지만 말야.
고려가 나라를 지킬 수 있었던 것은 목숨을 걸고 싸운 백성들 덕분이었어.
왕은 몽골의 지원을 받아 무신 정권을 무너뜨리고 왕권을 되찾았기 때문에 사사건건
몽골의 눈치를 보지 않을 수 없었단다. 그래서 개경 환도 후
약 백 년 동안의 고려 역사는 두 얼굴을 갖고 있어. 몽골의 눈치를 보며 굽실거리는
얼굴과 몽골을 몰아내고 독립과 자주를 회복하려는 얼굴이야.
몽골의 눈치를 보며 굽실거리고 심지어는 그 앞잡이 노릇까지 했던 사람들과
무조건 굽실거리지는 않더라도 몽골과 가까이 지내려 한 사람들을
'부원배' 또는 '친원파'라고 부른단다. 여기서 '원'은 몽골이 세운 원나라를 말해.
이제부터는 몽골이 아니라 원나라라고 부르자.
그리고 원나라를 몰아내고 독립과 자주를 회복하려 했던 사람으로는
공민왕을 꼽을 수 있어.
만약 세운이가 이때 태어났다면 어떤 얼굴로 살았을까?

1281년
고려 시대
일연 《삼국유사》 펴냄

1364년
고려 시대
문익점, 원에서 목화씨를 가져옴

1351년
고려 시대 공민왕 즉위

공민왕의 아버지는 충숙왕이고 어머니는 명덕 태후 홍씨야. 그런데 공민왕의 할머니는 원나라 공주란다. 할아버지 충선왕이 국제결혼을 한 거냐고?

개경 환도 후 고려의 왕들은 무조건 원나라 공주를 왕비로 맞아야 했어. 또, 원나라는 고려 왕을 마음대로 임명하거나 왕위에서 쫓아낼 수 있었어. 왕이 될 고려 왕자들은 어려서부터 원나라에 가서 살다가 원나라 공주와 결혼해서 고려로 돌아와 왕위에 올라야 했어.

왜 고려의 왕자를 원나라에서 살게 했을까? 어려서부터 원나라의 문화와 풍습에 젖게 하여 원나라에 충실한 사람으로 만들기 위해서였지. 자, 공민왕의 할머니가 원나라 공주인 사연을 이제 이해할 수 있겠니?

천산대렵도
이 그림은 공민왕이 직접 그린 것이라고 해. 말을 타고 사냥에 열중하고 있는 사람은 몽골식 변발을 하고 있구나.

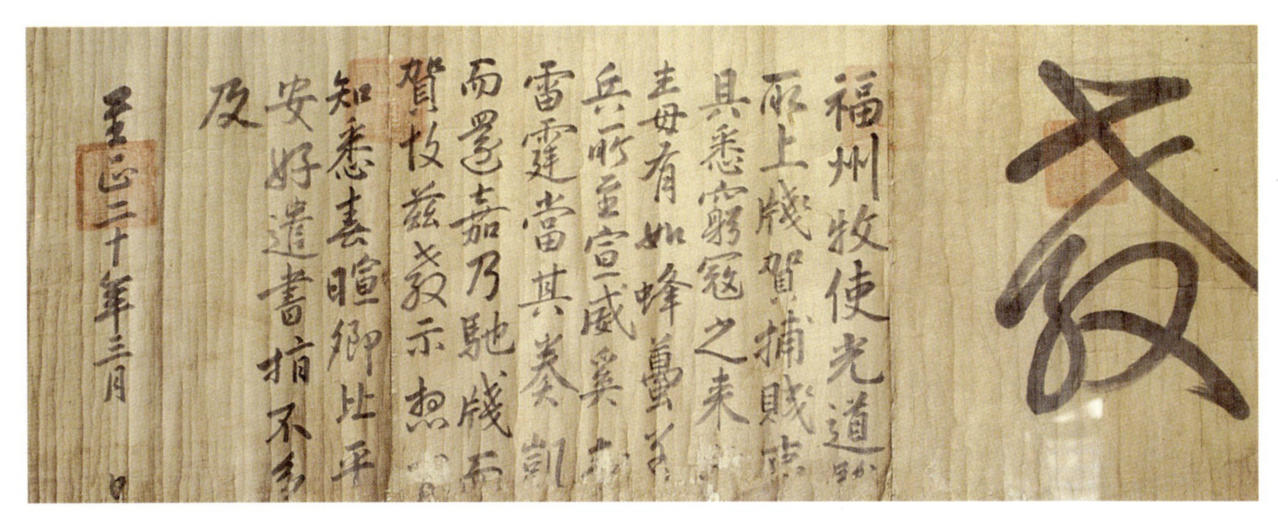

공민왕의 글씨
공민왕은 그림뿐 아니라 글씨에도 뛰어났어. 사진은 복주 목사 정광도에게 내린 공민왕의 교서란다.

공민왕의 개혁 정치

고려 왕은 이름 앞에 '충' 자를 붙여서 원나라에 충성한다는 뜻을 나타내야 했어. 충렬왕, 충선왕, 충숙왕 등의 이름은 그래서 생긴 거란다.

원나라는 고려의 독립은 인정해 주되, 뭔가 마음에 들지 않으면 사신을 보내 자초지종을 시시콜콜히 따졌어. 만약 고려 왕이 말을 잘 안 들으면 왕을 다른 사람으로 갈아 치웠단다. 그래서 충렬왕, 충선왕, 충숙왕, 충혜왕 모두 한 번씩 왕위에서 쫓겨난 경험이 있어. 자, 이러니 어찌 되었겠니? 고려 왕은 혹시나 왕위에서 쫓겨날까 봐 원나라의 눈치를 살폈고, 신하들도 역시 그랬단다.

공민왕은 열두 살 때부터 부모님과 헤어져서 원나라에 가서 살았어. 왕이 되기 전 공민왕의 이름은 강릉 대군이었단다. 그리고

원나라 공주와 결혼했지. 공주의 이름은 보탑실리. 보통 '노국대장공주' 라고 불러.

공민왕은 스물두 살 때 노국대장공주와 함께 고려로 돌아왔어. 10년 만의 귀국이었지. 몽골 옷을 입고 머리 모양도 몽골식으로 변발을 하고 왔어. 그런데 돌아오자마자 이연종이라는 신하가 상소를 올렸어.

"변발과 몽골 옷은 고려의 제도가 아니니 본받지 마소서."

왕비 노국대장공주와 공민왕의 초상
서울 종묘의 공민왕 사당에 있어. 조선 시대 왕과 왕비의 위패를 모신 종묘에 고려 왕인 공민왕의 사당이 있다니 웬일일까? 원나라의 지배에서 벗어나기 위해 과감한 개혁 정치를 편 공민왕의 업적을 기리고자 한 것 아니었을까? 원래 조선 태조 때 종묘에 사당을 짓고 영정을 모셨는데, 임진왜란 때 불타서 그 후 다시 그렸다고 해.

공민왕은 상소를 본 즉시 몽골 옷을 벗어 버리고 머리 모양도 고려식으로 바꾸었어. 그러면서 상소를 올린 이연종에게 상을 주었단다. 이것은 공민왕이 앞으로 어떤 정치를 펴 나갈 것인지를 만천하에 알리는 행동이었어. 공민왕은 원나라의 간섭에서 벗어나 고려의 자주와 독립을 되찾고, 개혁 정치를 펴고자 마음먹었던 거야.

왕비인 노국대장공주도 다른 원나라 공주들과는 달리 남편 공민왕을 적극 도왔어. 노국대장공주는 원나라 공주임을 내세워 남편을 무시하거나 위세를 부리지 않았고, 고려 백성들로부터 마구 공물을 거둬들이지도 않았단다. 공민왕과의 사이는 퍽 좋았다고 해.

공민왕의 개혁 정치는 부원배, 친원파를 쫓아내는 일부터 시작

* 貢 바칠 공
女 계집 녀

되었어. 이들을 쫓아내지 않고서는 원나라로부터 독립하기 어려웠기 때문이지. 공민왕은 부원배의 우두머리인 기철과 그 집안사람들을 쫓아냈어. 기철은 공녀로 간 누이동생이 원나라 황제인 순제의 눈에 들어 황후가 된 것을 믿고 횡포를 부리던 인물이야.

공녀가 뭐냐고? 원나라는 일 년에 몇 번씩 예쁜 고려 처녀들을 뽑아 데려갔는데, 이렇게 강제로 끌려간 처녀들을 '공녀'라고 한단다. 공녀로 간 처녀들 중에는 원나라 관리의 아내가 되거나 궁녀가 되는 경우가 더러 있었지만, 대부분은 하녀나 몸종이 되어 힘겨

원나라로 끌려간 고려 처녀들

수녕 옹주 묘지석
수녕 옹주는 외동딸이 공녀로 끌려가자 슬픔 끝에 그만 병들어 죽었어. 왕실이나 고위 관리의 딸도 공녀로 끌려가는 데는 예외가 아니었어. -국립중앙박물관

공녀로 끌려간 고려 처녀의 수는 약 1만 명. 비공식적으로 끌려간 숫자를 합하면 훨씬 많았을 거야. 고려 사람들은 원나라에서 사신이 오면 혹시 처녀를 잡으러 온 것이 아닌가 하여 두려워했어. 심지어는 딸을 낳으면 감추고 이웃에게도 보이지 않을 정도였단다.

공녀로 보낼 처녀를 구하기가 점점 어려워지자, 나라에서는 열한 살부터 열다섯 살까지의 처녀가 결혼을 하려면 반드시 관청에 신고하도록 했어. 이를 어기고 몰래 결혼하면 벌을 주었단다. 정2품 벼슬을 하던 송분이란 사람은 몰래 딸을 결혼시켰다가 관직을 빼기고 섬으로 귀양을 갔어. 공녀 때문에 고려에서는 열 살도 채 안 된 여자아이를 서둘러 결혼시키는 조혼 풍습이 생겼어.

운 생활을 했어. 기 황후는 아주 특별한 경우에 속한단다.

기 황후에 대해 좀 더 자세히 알아볼까? 기 황후는 처음에는 차 따르는 궁녀가 되어 궁궐에서 살게 되었어. 기씨는 단정한 생김새와 지혜로 원나라 황제인 순제의 마음을 사로잡아 제2황후가 되었단다. 제1황후는 몽골 여인이었지. 원나라에는 몽골인이 아닌 여자는 황후로 삼지 않는다는 원칙이 있었는데도, 순제는 원칙을 무시하고 기씨를 황후로 맞아들였단다.

기 황후의 아버지 기자오는 고려의 낮은 관리였는데, 딸이 원나라 황후가 되자 하루아침에 권세가가 되었어. 또, 오빠 기철도 누이동생을 믿고서 함부로 횡포를 부려 백성들의 원성이 자자했단다. 그러나 기 황후의 부귀영화는 오래가지 못했어. 원나라가 새로 일어난 명나라에 밀려 멀리 몽골 초원으로 쫓겨났기 때문이야. 그가 낳은 아들 아이유시리다라는 황제 자리에 오르긴 했지만 망해 가는 나라와 운명을 같이했어. 기 황후의 최후가 어찌 되었는지는 정확히 모른단다.

몽골풍과 고려양

몽골과 고려의 왕래가 잦아지면서 몽골의 풍습이 고려로 들어오고, 고려의 풍습이 몽골로 전해졌어. 고려에 들어온 몽골의 풍습을 '몽골풍'이라 하고, 몽골에 전해진 고려의 풍습을 '고려양'이라고 해. 오늘날 우리의 전통 풍습으로 알려져 있는 것 가운데는 몽골풍의 영향을 받은 것이 꽤 많아. 결혼식 때 신부들이 입는 원삼, 머리에 쓰는 족두리, 여자들이 귓불을 뚫고 귀고리를 다는 풍습, '장사치', '그치', '이치'처럼 끝에 '치'가 붙는 말, 왕이 먹는 식사를 '수라'라고 하는 것 등이야.

공민왕은 공녀 보내는 일을 중단시켰어. 또, 원나라 땅이 되어 있던 철령 이북의 땅을 공격하여 되찾았단다. 동시에 사회 개혁을 단행했어. 공민왕은 개혁을 이루기 위해 신돈이란 인물을 발탁했단다.

신돈을 등용하다

신돈은 승려였어. 집안은 보잘것없었

공민왕릉 벽화의 십이지 신상
공민왕릉 내부에는 삼면에 십이지 신이 그려져 있어. 모자 위에 십이지 신을 나타내는 쥐, 소, 호랑이, 토끼 등 열두 가지 동물이 각각 그려져 있단다.

지만 과단성 있는 인물이었지. 전하는 말로는 신돈의 어머니가 절의 노비였다고 해. 하지만 전에도 말했듯이 고려에서는 원래 노비 같은 천인은 승려가 될 수 없었단다. 그러니까 신돈이 노비의 자식이란 이야기는 신돈을 깎아내리기 위해 나중에 만들어진 얘기라고 생각되는구나.

공민왕은 신돈을 사부로 삼고 개혁을 맡겼어. 그리고 공민왕은 신돈에게 이렇게 맹세했단다.

"스승은 나를 구하고 나는 스승을 구하여 어떤 일이 있어도 남의 말을 듣고서 의심을 품지 않을 것이다. 이것은 부처님과 하늘이 증명하실 것이다."

공민왕은 누가 어떤 말을 하여도 흔들림 없이 개혁을 밀고 나가자고 신돈과 다짐한 거야. 공민왕은 왜 신돈을 등용했을까? 비록 기철 일당을 쫓아내긴 했지만, 조정에는 부원배, 친원파들의 뿌리가 매우 깊게 남아 있었어. 공민왕의 뜻대로 원나라로부터 독립과 자주를 이루려면 부원배, 친원파와 아무 상관없는 참신한 인물이 앞장서서 개혁을 이끌어야 했지. 신돈은 바로 그 점에서 꼭 적합한 사람이었기 때문에 공민왕이 점찍은 거야.

공민왕과 신돈이 개혁 사업으로 가장 먼저 한 일이 무엇이었는지 아니? 부원배, 친원파들에게 억울하게 땅을 빼앗겼거나 강제로

공민왕과 신돈
공민왕은 신돈을 개혁 정치의 중심인물로 앞장세웠어. 신돈은 친원파나 부원배와는 상관없는 참신한 인물이었기 때문이야.

* 田 밭 전
民 백성 민

노비가 된 사람들을 제자리로 되돌려주는 일이었단다. 즉, 전민변정도감이란 관청을 세워 '전'과 '민', 다시 말해 토지와 백성의 소속을 바로잡았어. 관청의 총책임자는 신돈이었지.

백성들은 너무나 기뻐하며 신돈을 '성인'이라 부르면서 우러러보았단다. 하지만 부원배, 친원파들은 그를 몹시 미워했어. 결국 신돈은 부원배, 친원파들에 의해서 반역 음모를 꾀했다는 지목을 받고서 처형당하고 말았단다.

공민왕은 왜 그를 살려 주지 않았을까? 으음, 그건 말이다, 공민왕 역시 신돈의 영향력이 너무 커지는 것을 달가워하지 않았기 때문이었어. 그런데 신돈이 죽고 얼마 안 돼 공민왕도 신하들에게 살해되고 말았어. 공민왕이 죽은 뒤, 고려는 급속하게 기울기 시작했단다.

공민왕은 정동행성을 없애고, 당시 원이 직접 다스리고 있던 쌍성총관부를 공격하여 철령 이북 땅을 되찾았단다.

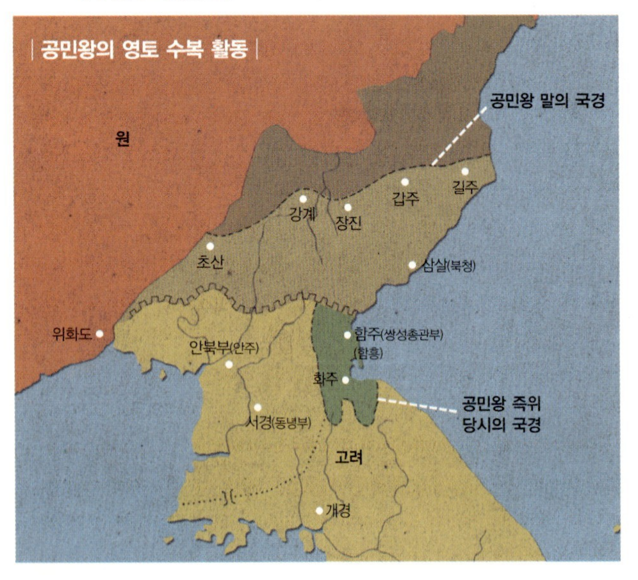

《고려사》라는 역사책에는 신돈과 공민왕이 형편없는 인물로 묘사되어 있어. 신돈은 나라를 망친 요망한 중이요, 공민왕은 제대로 정치를 못하고 타락을 일삼은 왕으로 기록되어 있단다. 이것은 《고려사》를 쓴 이들이 고려를 무너뜨리고 조선을 세운 사람들이었기 때문이야. 고려는 멸망할 수밖에 없는 나라였으며 조선의 건국은 당연한 일이었다고 강조하기 위해 그렇게 쓴 거야. 그러나 실제

공민왕과 노국대장공주의 능
노국대장공주가 세상을 떠나자 공민왕은 직접 무덤을 설계하고 공사를 감독했다고 해. 그리고 나중에 공민왕 자신도 나란히 옆에 묻혔지. 개성에 있어.

신돈과 공민왕은 기울어 가는 고려를 개혁하기 위해 노력한 인물들이란다.

'역사는 승리자의 기록'이라는 말이 있어. 하긴, 역사책은 승리자의 기록일지 몰라. 그러나 역사 자체가 승리자의 것은 아니란다. 우린 역사책을 읽을 때 누가, 어떤 의도로 썼는지 알고 읽어야 한다고 했지? 그러면 그 역사책은 더 이상 승리자만의 기록이 아니게 된단다. 엄마 말, 이해하겠니?

?!

물푸레나무 몽둥이로 땅을 빼앗다

고려의 왕실과 고급 관리들은 넓은 땅을 가진 지주였어. 이런 넓은 땅을 '농장' 이라고 해. 몇 평 이상은 농장이고, 그 이하는 농장이 아니라는 정확한 기준이 정해져 있지 않았기 때문에 농장의 규모를 한마디로 잘라 말할 순 없어. 그러나 어떤 농장은 '산천을 경계로 삼았다.' 고 할 만큼 상당히 넓었단다.

농장 주인들 중에는 정당하게 사고파는 절차를 거쳐 땅을 넓히는 사람도 있었지만, 그보다는 권력을 휘둘러서 힘없는 농민들의 땅을 불법으로 빼앗는 사람이 많았어.

우왕 때 문하시중을 지낸 임견미는 누가 좋은 땅을 갖고 있다는 소문을 들으면 자기 노비들을 시켜 몽둥이를 휘두르면서 반강제로 땅을 넘긴다는 문서를 작성하게 했단다. 나라의 최고 벼슬인 문하시중에 있는 자가 몽둥이를 휘둘러 남의 땅을 빼앗다니, 정말 어처구니없는 일 아니냐. 이때 휘두른 몽둥이는 물푸레나무로 만든 것이었어. 물푸레나무를 한자로 '수정목' 이라고 한단다. 사람들은 이렇게 강제로 만든 땅문서를 물푸레나무를 휘둘러서 만든 문서라는 뜻으로 '수정목 공문' 이라면서 비꼬았어.

임견미처럼 높은 벼슬자리와 대규모 농장을 독차지하고 권세를 부린 이들을 '권문세족' 이라고 해. 나중에 고려 멸망과 조선 건국에 공을

고려 농민들의 생활 열심히 일하는 농민들의 모습이야. 고려 시대 불화 〈미륵변상도〉의 한 장면이야.

세운 정도전은 권문세족과 농장의 횡포를 이렇게 설명했어.

"부자는 토지가 천백에 이르고 가난한 자는 송곳 꽂을 만한 땅도 없게 되었다. 가난한 자는 부자의 토지를 빌려 농사를 짓느라 일 년 내내 고생하며 부지런히 일했지만 오히려 먹을 것이 모자랐다. 부자는 거둔 곡식의 태반을 편히 앉아서 손에 흙을 묻히지 않고도 차지했다."

공민왕이 신돈을 등용하여 전민변정도감을 설치하고 개혁 정치를 편 것이나, 나중에 이성계가 위화도 회군 후 토지 개혁을 실시한 것은 이와 같은 심각한 문제를 해결해 보려는 노력이었단다.

목화씨와 화약

1364년

문익점은 다행히 목숨을 잃지는 않았지만 관직에서 쫓겨나 고향으로 내려가게 되었어.
고향에서 장인 정천익과 함께 목화씨를 심어 길렀단다.
문익점이 심은 씨는 다 죽었고 정천익이 심은 씨 중에서 딱 한 송이의 목화가 피었어.
그 한 송이에서 씨를 받아 다음번엔 여러 송이의 목화를 피우는 데 성공했지.
3년 뒤에는 이웃 사람들에게도 씨를 나눠 줄 정도가 되었단다.
목화는 곧 전국으로 퍼져 나갔어.

1170년
고려 시대
무신 정변 일어남

1198년
고려 시대
노비 만적, 개경에서 봉기

1232년
고려 시대
강화도로 수도를 옮김

1251년
고려 시대
고려 대장경(팔만대장경) 완성

"우리가 지금 면옷을 입는 건 누구 덕택일까?"

"문익점! 문익점이 목화씨를 몰래 붓두껍에 숨겨 갖고 왔잖아."

세운이는 자신만만하게 말했어.

목화로 만든 옷감을 '면' 또는 '무명'이라고 해.

오늘날 면은 우리나라 사람들이 가장 즐겨 찾는 옷감이지.

그런데 약 6백 년 전, 문익점이 살던 때만 해도 사람들은 면을 알지 못했어.

문익점이 가져온 목화씨를 길러 내서 면옷을 입게 되면서

우리의 의생활은 그야말로 획기적인 변화를 맞게 되었어.

그런데 문익점은 정말 붓두껍에 목화씨를 숨겨 왔을까?

오늘은 문익점과 목화씨에 대해 네가 잘 모르고 있었던 사실들을 얘기해 줄게.

그리고 화약을 발명한 최무선에 대해서도 얘기해 주마.

최무선은 문익점과 같은 시대에 살았어.

최무선의 화약 발명은 문익점의 목화만큼이나 커다란 변화를 불러일으켰단다.

화약을 이용한 무기는 고려가 멸망한 뒤에도 조선으로 이어졌어.

자, 그럼 문익점과 최무선이 활약한 시대로 가 보자.

1281년
고려 시대
일연 《삼국유사》 펴냄

1351년
고려 시대
공민왕 즉위

1364년
고려 시대 문익점, 원에서 목화씨를 가져옴

문익점은 원나라의 강남 지방에서 3년 동안 귀양살이를 하다가 귀국하는 길에 목화씨를 몰래 붓두껍에 넣어 가지고 왔다고 해. 원나라에서는 목화씨를 외국으로 갖고 나가지 못하게 했기 때문에 들키지 않고 갖고 나올 방법을 궁리한 끝에 붓두껍에 넣어 왔다고 알려져 있어.

목화
문익점이 목화를 들여오기 전, 일반 백성들은 삼베로 만든 옷을 입었어. 추운 겨울에도 얇은 삼베옷으로 견뎌야 했지. 부자나 귀족들은 비단이나 명주로 만든 옷을 입었어.

그런데 당시 목화씨는 외국으로 갖고 나가지 못하는 물건이 아니었고, 문익점은 목화씨를 몰래 붓두껍에 숨겨 온 것이 아니었어. 또한 문익점이 강남 지방에서 3년 동안 귀양살이를 했다는 것도 사실과 다르단다.

정말 붓두껍에 목화씨를 숨겨 왔을까?

《고려사》에는 이렇게 쓰여 있어.

"문익점이 본국으로 돌아오면서 목화씨를 얻어 갖고 와 장인 정천익에게 부탁하여 심었다. 처음에는 재배 방법을 몰라 거의 다 말라 버리고 한 그루만 남았는데 세 해 만에 크게 불었다."

또, 《태조실록》에는 좀 더 자세히 쓰여 있단다.

"문익점이 길가의 목면 나무를 보고 그 씨 10여 개를 따서 주머니에 넣어 가져왔다. 그중 절반을 정천익에게 심어 기르게 했는데 한 개만이 살게 되었다."

《고려사》에도 《태조실록》에도 붓두껍에 숨겨 왔다는 이야기는 전혀 없고 주머니에 넣어 가져왔다고 되어 있어. 그럼 붓두껍에 숨겨 왔다는 이야기는 도대체 어디서 나온 것일까? 그 사정을 한번 알아보자.

문익점은 1331년 강성현(지금의 경상남도 산청)에서 태어났어. 서른 살에 과거에 급제하여, 1363년 원나라로 가는 사신 일행의 서장관으로 뽑혀 가게 되었어. 당시 고려의 왕은 공민왕이었지. 공민왕은 너도 잘 알고 있듯이 '반원자주화' 개혁 정치를 편 왕 아니냐. 그 때문에 원나라는 공민왕을 매우 못마땅하게 여기고 있었어. 원나라는 공민왕을 왕위에서 내쫓고 다른 사람을 왕위에 앉히려고 일을 꾸몄단다. 그래서 원나라에 와 있던 충숙왕의 동생 덕흥군을 새 왕으로 정하여 고려로 보냈어. 문익점 일

서장관

외교에 필요한 온갖 문서를 도맡아 쓰는 직책이란다. 문장과 학식이 뛰어난 사람이 선발되었어.

행이 원나라로 출발한 바로 그때, 덕흥군은 고려로 출발했단다. 덕흥군은 원나라가 준 군사 1만 명을 데리고 고려로 향했어.

사정이 이렇게 되자, 원나라에 있던 고려 관리들은 공민왕과 덕흥군 중 어느 한쪽을 선택해야 했어. 모두 원나라가 밀어주는 덕흥군을 선택했지. 문익점 역시 덕흥군을 선택했어.

강성서원
문익점은 조선 시대 들어서 시간이 흐를수록 칭송을 받았어. 사진은 조선 영조 때부터 문익점을 모신 서원이야. 정조 때에 '강성'이라는 이름을 쓴 현판을 내렸단다. 전라남도 장흥군에 있어.

덕흥군이 데려간 군사 1만 명과 고려군은 국경 부근에서 치열한 싸움을 벌였어. 최영이 지휘하는 고려군은 공민왕을 위해 용감히 싸웠고, 결과는 고려군의 승리였어. 덕흥군이 패했으니, 문익점을 비롯하여 덕흥군을 지지했던 사람들은 입장이 매우 난처하게 되었겠지?

그런데 이듬해, 문익점은 고려로 돌아오게 되었어. 중국의 강남 지방으로 가서 3년 동안 귀양살이를 한 게 아니라 바로 이듬해에 귀국했단다.

문익점은 아마 돌아가면 처벌을 면치 못하리라는 각오를 했을 거야. 그런 와중에서도 그는 목화씨를 따서 주머니에 넣는 것을 잊지 않았어. 목화씨는 백성들에게 아주 큰 도움이 될 소중한 것이라고 생각했기 때문이지.

돌아온 문익점은 다행히 목숨을 잃지는 않았지만 관직에서 쫓겨나 고향으로 내려가게 되었어. 고향에서 장인 정천익과 함께 목화씨를 심어 길렀단다. 문익점이 심은 씨는 다 죽었고 정천익이 심은 씨 중에서 딱 한 송이의 목화가 피었어. 그 한 송이에서 씨를 받아 다음번엔 여러 송이의 목화를 피우는 데 성공했지. 3년 뒤에는 이웃 사람들에게도 씨를 나눠 줄 정도가 되었단다. 목화는 곧 전국으로 퍼져 나갔어.

그런데 목화에서 실을 뽑아 옷감을 짜는 방법을 알 수가 없었어. 일설에는 문익점의 손자 문래가 실 뽑는 기구를 만들었고 그의 이름 문래에서 '물레' 라는 말이 나왔다고 해. 그러나 《태조실록》에는 정천익이 원나라 승려에게서 배웠다고 자세히 쓰여 있어. 엄마는 《태조실록》에 쓰여 있는 내용이 더 정확하다고 생각한단다.

《태조실록》에 따르면 정천익은 원나라 승려 홍원을 자기 집에 데

물레로 실 잣기

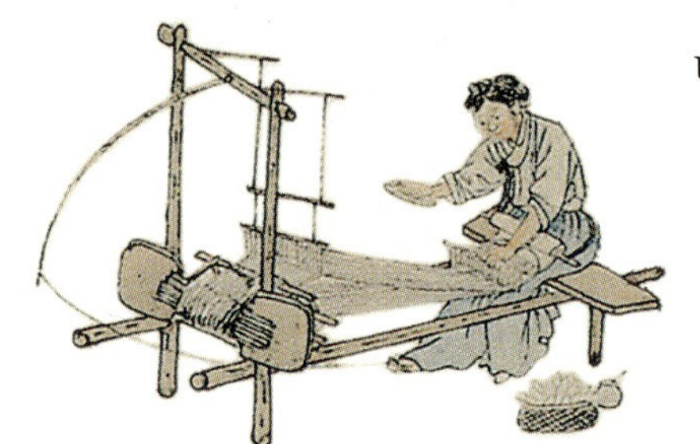
베틀로 무명 짜기
–국립중앙박물관

목화 재배
문익점이 심은 목화는 다 죽고, 장인 정천익이 심은 목화씨 중에서 딱 한 송이가 피었어.
그 한 송이에서 씨를 받아 다음번엔 여러 송이의 목화를 피우는 데 성공했지.
3년 뒤에는 이웃 사람들에게도 씨를 나눠 줄 정도가 되었단다.

려와 정중하게 대접하면서 씨 빼는 기구와 실 뽑는 기구 만드는 법, 옷감 짜는 법을 배워 집의 여자 종에게 가르쳐서 한 필의 무명을 짜게 했단다.

"이로 말미암아 온 나라에 널리 퍼지게 되어 모든 백성들이 입게 되었으니, 이는 모두 문익점이 준 것입니다."

《태종실록》은 이렇게 문익점을 칭찬하고 있어.

그런데 문익점의 목화가 성공을 거두면서, 이야기들이 자꾸 덧붙여지기 시작했어. 문익점이 덕흥군의 편을 들었던 사실은 어느

! 무명은 무미엔에서 나온 말?

무명은 면과 같은 뜻이야. 요즘 젊은 세대들은 무명이란 말을 자주 쓰지 않지만 할머니, 할아버지 세대에게는 면보다는 훨씬 익숙한 말이란다. 그런데 무명은 어디서 나온 이름일까? 몇 가지 서로 다른 의견이 있어.

첫째, 문익점의 손자 문래가 물레를 만들고, 또 다른 손자 문영은 옷감을 짜서 이를 '문영'이라고 했는데, 문영이 변해서 무명이 되었다는 의견이야. 둘째, 목화로 짠 옷감은 특별한 이름이 없어서 한자로 '무명(無없을 무, 名이름 명)'이라 했는데, 그것이 그대로 이름이 되었다는 의견이 있어. 셋째, 중국에서는 이 옷감을 한자로 '목면'이라고 쓰고 발음을 '무미엔'이라고 했는데, 바로 이 무미엔에서 무명이 나왔다는 의견이 있지. 어느 것이 맞을까? 아마도 중국에서 목화씨를 들여오면서 무미엔이란 이름도 같이 들어왔을 거라고 생각돼.

목화 시배지와 사적비
위는 목화씨를 처음 뿌려서 가꿨던 곳이고, 아래는 문익점의 공적을 칭송하는 사적비야. 경상남도 산청군에 있어.

새 덕흥군에게 저항하다가 또는 본의 아니게 덕흥군 편으로 오해를 받아서 머나먼 강남 지방으로 귀양살이를 갔던 것으로 슬그머니 바뀌었어. 그러면서 목화씨를 '몰래' 들여왔다는 이야기가 덧붙여졌고, 결국은 '붓두껍'에 숨겨 왔다는 이야기까지 생겨난 거야.

문익점이 목화씨를 붓두껍에 숨겨 온 것이 아니라 그냥 주머니에 넣어 왔다고 해서 그의 업적이 빛을 잃는 것은 전혀 아니란다. 그가 가져온 목화씨는 우리 의생활에 획기적인 변화를 안겨 주었어. 문익점 이전에 원나라에 사신으로 갔던 수많은 사람들 중 어느 누구도 문익점처럼 목화씨를 가져와 백성들에게 따뜻한 옷을 입힐 생각을 한 사람은 없었지. 목숨을 잃을지도 모르는 절박한 상황에

서도 잊지 않고 목화씨를 주머니에 넣어 온 그 마음은 너무도 귀하다고 생각되는구나.

화약을 만든 최무선

목화가 나라 안에 퍼져 나가고 있을 무렵, 또 하나의 획기적인 사건이 일어났단다. 바로 화약과 화포의 발명이야. 발명의 주인공은 최무선이었어.

화약을 만드는 최무선
화약의 원료로는 염초, 유황, 숯, 세 가지가 쓰였는데 그중 만들기 가장 어려운 것이 염초였어. 최무선은 실험을 거듭하면서 마침내 화약을 발명했단다.

질려포통
나무통에 화약과 쑥 잎 등을 넣어 터뜨리는 포탄이야. –행주산성 대첩기념관

당시 고려에는 화약 무기가 없었어. 활과 화살, 칼, 창, 이런 무기뿐이었지. 원나라는 발달된 화약 무기를 사용하고 있었지만, 그것을 만드는 법을 고려에 알려 주지 않았단다.

최무선은 화약 만드는 법을 알아내기 위해 독학을 했어. 사람들은 그를 비웃었지만 최무선은 꿈을 버리지 않았어. 혼자서 연구에 몰두하던 그는 이원이라는 원나라 상인을 알게 되었어. 최무선은 이원에게 화약 만드는 법을 가르쳐 달라고 졸랐단다.

이원과 함께 화약 만들기에 열중하던 어느 날, 실험을 하다가 폭발 사고가 일어났어. 이 사고로 이원은 그만 죽고 말았지. 그러나 최무선은 절망하지 않고 혼자 실험과 연구를 계속했어. 드디어 염초를 만드는 데 성공했단다.

화약의 원료로는 염초, 유황, 숯, 이 세 가지가 쓰였는데, 그 중 가장 만들기 어려운 것이 염초였어. 유황과 숯은 있는 그대로를 쓰면 되지만, 염초는 빛이 검고 매운맛이 나는 흙에 쑥이나 곡식 줄기, 나무 등을 태운 재, 그리고 물을 섞어 끓여 만드는데, 만드는 솜씨에 따라 성능이 달라졌지. 유황과 숯을 어떤 비율로 섞느냐에 따라서도 성능이 달라졌어. 최무선은 실험을 거듭한 끝에 유황과 숯을 어떤 비율로 섞어야 하는지를 알아냈어. 20년에 걸친 노력의 결과였단다.

터지지 않는 고려의 포탄

고려의 쇠포탄은 날아가서 박힐 뿐 요즘처럼 터지지 않았단다. 터지지 않는 쇠포탄이라니, 놀랐다고? 그때는 터지는 쇠포탄을 아직 만들 줄 몰랐어. 기껏해야 나무통에 쑥 잎과 화약, 쇳조각을 넣고 헝겊 심지에 불을 붙여 터뜨리는 것이 고작이었지. 쇠 포탄은 비록 터지진 않았지만 그 위력은 대단했어. 배에 구멍을 내거나 성문을 부수는 데는 충분했으니까. 터지는 쇠 포탄은 조선 시대에 발명되었어.

최무선은 왕에게 상소를 올렸어. 화약과 화통을 만드는 관청인 화통도감을 설치하자고 말야. 최무선은 화통도감의 책임자가 되었단다. 화통은 화포, 총통이라고도 해. 쇠로 만든 기다란 원통인데, 뒤쪽에 화약을 다져 넣고 앞쪽에는 쇠 포탄이나 쇠 화살을 넣은 다음, 화약에 불을 붙여 폭발시키면 그 힘으로 쇠 포탄이나 쇠 화살이 멀리 날아간단다.

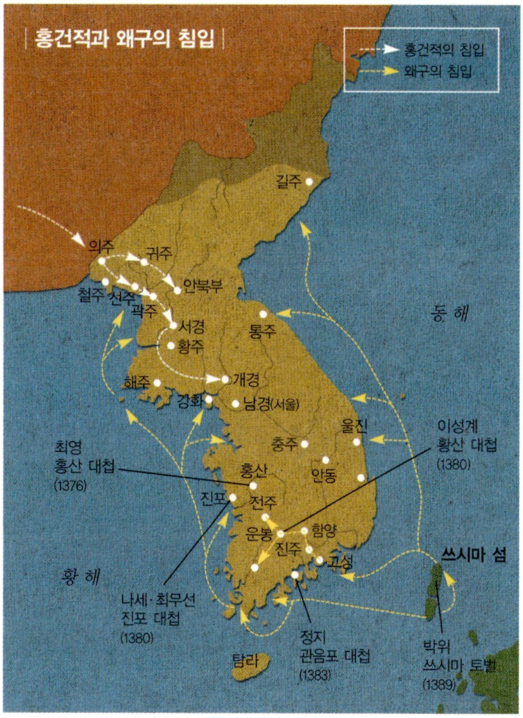

왜구를 물리친 화약 무기

당시 고려의 골칫거리는 왜구였어. 왜구는 일본의 해적이야. 이들은 대마도, 이키 섬, 규슈 북부 지방에 살면서 배를 타고 건너와 노략질을 일삼았어. 이들이 사는 곳은 농사지을 땅이 적어 항상 식량이 모자랐기 때문에 식량을 구하기 위해 해적 노릇을 했단다. 신라 때도 왜구가 자주 나타났다고 했지? 왜구가 얼마나 골칫거리였는지 신라 문무왕은 죽은 다음 용이 되어 왜구가 못 오도록 지키겠다고 유언을 할 정도였어.

고려 말, 1350년경부터 왜구의 침입이 부쩍 심해졌어. 이들은 몇십 척, 몇 백 척의 배로 남해안 바닷가 마을에 나타났단다. 처음에는 사람은 죽이지 않고 식량만 빼앗아 갔지만, 차츰 대담해져서 바닷가 마을뿐 아니라 육지 깊숙이 지리산 근처까지 들어와 사람을

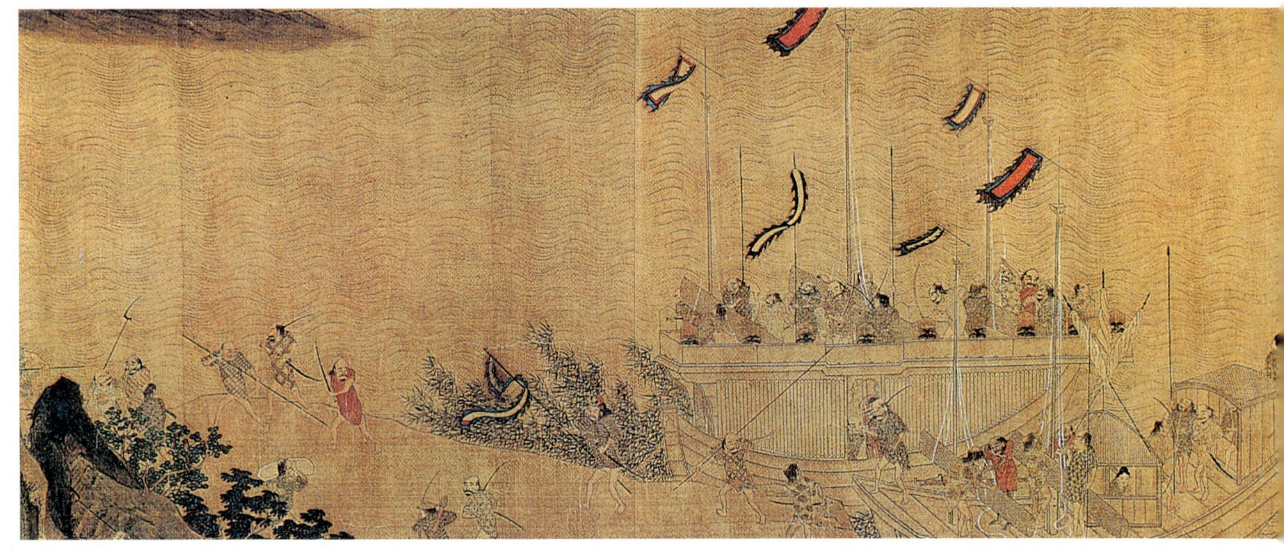

왜구
배를 타고 바다를 건너와서 식량을 빼앗고 사람을 해치는 왜구는 고려 조정의 골칫거리였어. 사진은 상륙하는 왜구들의 모습을 그린 그림으로 《왜구도권》에 실려 있어. 그림 속의 왜구는 16세기 조선 시대의 모습이지만 고려 시대에도 이와 다르지 않았을 거야.

마구 죽이고 식량과 물건을 빼앗았어. 강화도와 수도 개경을 노리기도 했어. 왜구는 잔인하기로 악명 높았단다.

최무선이 일생을 바쳐 발명한 화약 무기는 왜구를 소탕하는 데 맹활약을 했어. 1380년 최무선의 화약 무기로 무장한 고려의 함대는 진포(지금의 금강 입구)에 침입한 왜구의 배 5백 척을 불사르고 통쾌한 승리를 거두었어.

1389년에는 왜구의 근거지인 대마도를 공격하여 잡혀 있던 고려인 백여 명을 데리고 돌아왔지. 그 뒤부터는 왜구의 침입이 눈에 띄게 줄어들었단다.

*紅 붉을 홍
巾 수건 건
賊 도적 적

남쪽에서 왜구가 침입하는 와중에 북쪽에서 홍건적이 쳐들어왔어. 홍건적은 몽골에 반란을 일으킨 중국인들인데, 몽골에게 쫓겨 고려로 들어왔단다. 머리에 붉은 수건을 둘렀기 때문에 홍건적이라고 했어. 홍건적의 침입으로 공민왕은 수도 개경을 버리고 경상도 복주(지금의 경상북도 안동)로 피난을 가야 했어. 고려는 정세운

장군의 활약으로 함락당한 개경을 되찾았단다. 고려는 남쪽의 왜구, 북쪽의 홍건적을 막아 내느라 힘에 겨웠어. 그런 가운데 전쟁터에서 용맹을 떨쳐 백성들의 우러름을 받게 된 인물들이 등장했어. 바로 최영과 이성계란다.

최무선의 화약 무기가 빛나는 공을 세운 시기는 고려가 무너지고 조선이 건국되는 때였어. 최무선은 고려의 멸망과 이성계의 즉위를 죽 지켜보았어. 왕이 된 이성계는 왜구의 침입이 줄어들었으니 더 이상은 화약 무기를 만들 필요가 없다면서 화통도감을 없애 버렸단다.

화통도감이 없어진 뒤, 최무선은 자신의 연구를 모두 기록하여 책으로 만들어서 아들 해산에게 물려주었어. 책 제목은 《화약수련법》. 최해산은 아버지의 연구를 이어받아 조선 시대 화약 무기 개발에 커다란 공을 세웠단다. 특히 세종은 최해산을 매우 신임하여 화포 연구에 몰두할 수 있게 해 주었어.

최무선 장군 추모비
경상북도 영천에 있단다.

자, 지금까지 우리는 고려의 역사를 둘러보았어. 5백여 년에 걸친 긴 시간 동안 일어난 수많은 사건과 인물들을 만나 보았단다. 전에도 말했듯이, 그 많은 사건과 인물들을 줄줄 외울 필요는 조금도 없어. 역사는 외우는 공부가 아니라 느끼고 생각하는 공부라고 했지? 엄마의 편지를 읽고 네 마음속에 잠자고 있던 어떤 느낌과 생각이 깨어났다면 그것으로 충분해. 그리고 너의 느낌과 생각을 살려 고려에 대한 멋진 초상을 그려 보렴.

?!

'청산별곡' 과 기울어 가는 고려

노래는 그 시대를 살아가는 사람들의 감정을 그대로 드러내 준단다. 그래서 한 시대에 유행한 노래들을 들어 보면 그 시대의 분위기를 느낄 수가 있어. 일본의 식민지 시대에 태어나 어렵게 살아오신 우리 할머니, 할아버지가 즐겨 부르는 노래는 구슬프면서도 소박하지. 그런가 하면 세운이와 네 친구들이 좋아하는 노래는 경쾌하고 힘이 넘쳐.

고려 때에도 유행하는 노래가 있었단다. 사람들 입에서 입으로 전해지며 불리던 노래들이야. 이 노래들을 '고려 가요' 라고 해. 고려 가요에는 당시 사람들의 감정이 담겨 있어. 그럼, 당시 고려 사람들의 감정과 그 시대의 분위기를 느껴 볼까?

> 가시리 가시리잇고 버리고 가시리잇고
> 날러는 엇디 살라고 버리고 가시리잇고
> 잡사와 두어리마라난 선하면 아니 올세라
> 설운 임 보내옵나니 가시는 듯 다시 오소서

이 노래의 제목은 '가시리' 란다. 고려의 대표적인 사랑 노래야. 떠나는 임을 잡고 싶지만 섣불리 잡았다가는 행여 다시 안 올까 봐 그냥 보내니 얼른 돌아오라는 내용이야. 고려 가요에는 남녀의 사랑을 숨김없이 노래한 것이 많아. 훗날 조선 시대의 유학자들은 이를 남녀상열지사(남녀가 서로 좋아하는 노래)라면서 점잖지 못하다고 나무랐어. 하지만 고려인들의 솔직한 마음을 느낄 수 있어서 좋구나.

참새는 어느 쪽에서 왔다 날아가는가
한 해 농사는 아랑곳없이
홀아비 늙은이가 혼자 지은 것을
밭 가운데 벼와 수수를 다 쪼아 먹었구나

이 노래는 탐관오리의 횡포에 시달리는 백성들의 괴로운 심정을 털어놓은 노래야. 제목은 '사리화' 란다. 젊은이들은 모두 고향을 떠나고 늙은 홀아비 혼자 겨우 농사를 지었는데, 그것마저 야속하게 빼앗아 가는 관리들을 참새에 비유하고 있어.
원나라에게 시달리고, 탐관오리에게 시달려야 하는 백성들은 차라리 훌훌 털고 푸른 산 골짜기로 들어가 숨어 살고 싶었는지도 몰라.

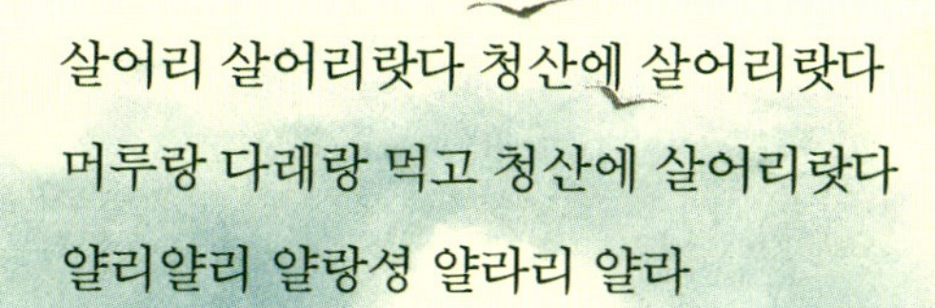

살어리 살어리랏다 청산에 살어리랏다
머루랑 다래랑 먹고 청산에 살어리랏다
얄리얄리 얄랑셩 얄라리 얄라

'청산별곡' 이라는 노래란다. 요즘처럼 전원 주택을 짓고 자연과 벗하면서 노후를 즐기는 여유를 노래한 것이 아니라, 더 견딜 수가 없어 차라리 세상을 등지고 푸른 산 골짜기로 들어가 숨어 살고 싶은 마음을 표현한 노래야.
어떠니? 당시 사람들의 감정과 사회 분위기가 느껴지니? 고려 말에 유행했던 이 노래들과 함께 고려는 서서히 몰락의 길을 걷고 있었어.

찾아보기

ㅅ

사진과 그림 제공, 출처

사진

| 박물관 |

국립중앙박물관—[중박 200808-266] 배가 새겨진 청동 거울 078 | 동국통보와 해동통보–해동통보 080 | 염경애 묘지명 106 | 유골을 담는 돌 관 110 | 인종 시책 123 | 물레로 실 잣기, 베틀로 무명 짜기 202

[200808-270] 청자 양각퇴화 여의두 연꽃무늬 병, 청자 상감 국화 넝쿨무늬 완, 청자 상감 대나무 학 무늬 매병, 청자 투각 칠보 무늬 향로, 청자 양각 모란 넝쿨무늬 막새기와, 청자 투각 용머리 장식 붓꽂이, 청자 상감 퇴화 풀꽃 무늬 주전자와 받침 163 | [중박 200901-25] 수녕 옹주 묘지석 188 | [중박 200902-80] 거울, 귀이개 겸 뒤꽂이, 동곳 105 | [중박 200903-87] 침몰선에서 발견된 목간 075 | 청동 빈도로 존자 상 087 | 이제현 영정 103

국립청주박물관—고려의 수출품, 먹 076 | 《직지심체요절》(복제품)과 흥덕사 –《직지심체요절》(복제품) 166

불교중앙박물관—수종사 사리구, 수정으로 만든 사리병 104

육군박물관—궁예의 왕궁 터 026

전쟁기념관—귀주 대첩 기록화 066 | 처인성 전투 기록화 142

화폐박물관—동국통보와 해동통보–동국통보 080

고려대학교박물관—척경입비도 068

| 언론사 |

연합뉴스—N서울타워에서 바라본 송악산 083

| 단체와 개인 |

국립문화재연구소—파주 서곡리 무덤 벽화 048

국립해양유물전시관—신안 앞바다 침몰선 복원 모습 075 | 고려의 배 복원 모형 078

규장각한국학연구원—대화궁 122 | 강화도가 나온 고지도 140

도서출판 혜안—강화외성 141 | 최무선 장군 추모비 209

동국대학교도서관—이승휴의 《제왕운기》 181

삼척시—동안사 181

충주시—김윤후 영정 143

파주문화원—혜음원 터 093

화봉문고—대동여지도 개경 부분(채색 복원) 082

강성철—견훤산성 015 | 경주 안압지 019 | 완도 청해진, 장보고 무역선(복원) 020 | 금산사 미륵전 031 | 개태사와 거대한 가마솥 032 | 견훤릉 034 | 중원 미륵대원 터 석불 035 | 나주 완사천 036 | 통도사 부도 104 | 석릉 120 | 처인성 141 | 진도 남도석성 147 | 제주 항파두리성 151 | 갑곶진 152 | 강화도 고려 궁터 153 | 해인사 장경각 157 | 해인사 160 | 강진의 청자 가마터 165 | 《직지심체요절》(복제품)과 흥덕사–흥덕사 166 | 운문사 175 | 이규보의 무덤 180 | 왕비 노국대장공주와 공민왕의 초상 187 | 목화 199 | 강성서원 201 | 목화 시배지와 사적비 204

노정임—철원의 도피안사와 비로자나불 016 | 낙성대

앞의 강감찬 동상 064 | 파주 용미리 석불 088 | 통도사 장생표 091 | 곤릉 153 | 대장경판(복제품) 158 | 질려포통 206

장지영— 영주 부석사 028 | 경순왕릉 035

홍영의— 신숭겸 묘 029 | 고려 궁궐 터 037 | 도선 국사 영정 038 | 삼태사 유물 046 | 고려 궁궐 복원 모형 051 | 남대가 079 | 남북 공동 유적 발굴 082 | 은진미륵 088 | 대각국사 의천 영정 089 | 개성 현화사 7층 석탑 090 | 박익 묘 벽화의 여인들 107 | 이색의 묘 111 | 공민왕릉의 문신상과 무신상 116 | 고려 무신상 119 | 개성 홍국사 탑 132 | 개성 남대문의 종 133 | 봉고정 비석 146 | 《고려사》 179 | 공민왕의 글씨 186 | 공민왕릉 벽화의 십이지 신상 190 | 공민왕과 노국대장공주의 능 193

삽화

류동필—붉은 바지 농민군의 봉기 012 | 후백제의 마지막 싸움, 일리천 전투 033 | 관리들이 이상으로 삼은 생활 047 | 서희와 소손녕의 담판 060 | 국제 무역항 벽란도 074 | 손변의 재판 101 | 무신 정권 시대의 개막 118 | 만적의 외침 131 | 삼별초의 최후 149 | 목판으로 인쇄하는 과정 159 | 금속 활판 인쇄 과정 167 | 《삼국사기》 편찬 174 | 공민왕과 신돈 191 | 목화 재배 202 | 화약을 만드는 최무선 205

안경자— 인삼 077

지도

유상현— 후삼국 시대의 영토 019 | 장보고의 해상 활동 021 | 지방의 5도 양계와 12목 052 | 고려 전기 동아시아의 외교 관계 058 | 강동 6주 062 | 고려의 무역로와 주요 수출입품 077 | 농민과 천민의 봉기 128 | 삼별초의 이동 경로 150 | 팔만대장경 예상 운송로 161 | 공민왕의 영토 수복 활동 192 | 홍건적과 왜구의 침입 207

* 도서출판 책과함께는 이 책에 실은 모든 도판 자료의 출처와 저작권자를 찾아 허락을 받기 위해 최선을 다했습니다. 허가를 받지 못한 일부 도판은 저작권자가 확인되는 대로 사용 허가를 받고 일반적인 사용료를 지불하겠습니다.

한국사 편지 2

개정판 1쇄 2009년 3월 13일
개정판 62쇄 2013년 1월 25일

글 | 박은봉
그림 | 삽화 류동필, 캐릭터 우지현, 지도 유상현

펴낸이 | 류종필
편집 | 김나영, 이다정
마케팅 | 김연일, 이혜지, 노효선

디자인 | 이석운, 김미연

펴낸곳 | 도서출판 책과함께
주소 | 서울시 마포구 서교동 444-17 5층
전화 | 02-335-1984 팩스 | 02-335-1316
전자우편 | prpub@hanmail.net
블로그 | blog.naver.com/prpub
등록 | 2003년 4월 3일 제25100-2003-392호

이 도서의 국립중앙도서관 출판시도서목록(CIP)은
e-CIP 홈페이지(http://www.ni.go.kr/ecip)에서 이용하실 수 있습니다. (CIP제어번호 : CIP2009000733)

ISBN 978-89-91221-45-1 74900
ISBN 978-89-91221-43-7(세트)

'한국사 편지 2'는 2002년 웅진주니어에서 출간한 '사진과 그림으로 보는 한국사 편지 2'의 개정판입니다.